ENTRE O EGO E O SAGRADO

CARO(A) LEITOR(A),
Queremos saber sua opinião
sobre nossos livros.
Após a leitura, siga-nos no
linkedin.com/company/editora-gente,
no TikTok **@editoragente**
e no Instagram **@editoragente**,
e visite-nos no site
www.editoragente.com.br.
Cadastre-se e contribua com
sugestões, críticas ou elogios.

CRISTINA FLORENTINO

ENTRE O EGO E O SAGRADO

UMA JORNADA DE CURA EMOCIONAL E DESPERTAR ESPIRITUAL

Gente editora

Diretora
Rosely Boschini

Diretora Editorial
Joyce Moysés

Editora
Rafaella Carrilho

Assistente Editorial
Mariá Moritz Tomazoni

Produção Gráfica
Leandro Kulaif

Edição de Texto
Ricardo Lelis

Preparação
Algo Novo Editorial

Capa
Vanessa Lima

Projeto Gráfico
Márcia Matos
Gisele Baptista de Oliveira

Diagramação
Gisele Baptista de Oliveira

Revisão
Debora Capella

Ilustrações
Renata Zucchini

Impressão
Edições Loyola

Rua Dep. Lacerda Franco, 300 – Pinheiros
São Paulo, SP – CEP 05418-000
Telefone: (11) 3670-2500
Site: www.editoragente.com.br
E-mail: gente@editoragente.com.br

Dados Internacionais de Catalogação na Publicação (CIP)
Angélica Ilacqua CRB-8/7057

Florentino, Cristina
Entre o ego e o sagrado : uma jornada de cura emocional e despertar espiritual / Cristina Florentino. - São Paulo : Editora Gente, 2025.
192 p.

ISBN 978-65-5544-630-2

1. Desenvolvimento pessoal 2. Espiritualidade I. Título

25-2782 CDD 158.1

Índice para catálogo sistemático:
1. Desenvolvimento pessoal

NOTA DA PUBLISHER

Quando conheci o projeto da Cristina Florentino, soube imediatamente que ali havia mais do que um livro: havia um chamado à reconciliação entre a nossa espiritualidade e as nossas dores mais humanas.

Em *Entre o ego e o sagrado*, Cristina une a Psicologia e a Espiritualidade com delicadeza e profundidade, mostrando que amadurecer emocionalmente é indispensável para sustentar qualquer experiência espiritual verdadeira.

Com sua bagagem única como psicóloga e mediadora de constelações com décadas de prática meditativa, ela nos mostra o caminho para sair dos extremos e encontrar acolhimento em nossa própria vulnerabilidade, acessando-a como nossa maior fonte de potência.

Ao virar cada página, você encontrará um espelho para suas inquietações mais íntimas. Mais do que compreender conceitos, quem se permitir viver a travessia proposta por essa autora que tanto me inspira, aprenderá a olhar para si com honestidade, a escutar a própria criança ferida e a integrar espiritualidade à vida comum, encontrando raízes firmes para sustentar o voo da alma.

A sabedoria e a sensibilidade de Cristina foram forjadas à custa de muito autoconhecimento e serviço ao outro. Agora, ela converte suas maiores descobertas nesta obra corajosa e transformadora.

Permita-se ser conduzido por ela. Tenho certeza de que, ao final, o encontro entre o seu ego e o seu sagrado será uma nova forma de existir.

ROSELY BOSCHINI
CEO e Publisher da Editora Gente

A quem está na travessia entre o ego e o sagrado:
que este livro possa lembrar você de que a luz do
espírito precisa de raízes para florescer.

Aos que ousam crescer por dentro e acolhem a
própria ferida como quem acolhe uma flor no deserto.

À minha criança, que me esperou com
paciência até que eu pudesse escutá-la.

AGRADECIMENTOS

Gestar este primeiro livro foi atravessar a mim mesma, camada por camada. Um processo tão íntimo quanto uma gravidez, e tão exigente quanto um parto. Caminhei pelas minhas entranhas, visitando partes do meu ser – desde aquelas que sussurravam que não era o momento, que talvez eu não fosse suficiente, que havia riscos em me expor, até aquelas que, com firmeza e serenidade, diziam: "Confie. Continue. Alguém precisa disso". No fim das contas, a primeira pessoa beneficiada por esta escrita fui eu mesma.

Escrever um livro a partir das vivências que mais contribuíram para a minha metamorfose foi como recolher fragmentos da minha história – como quem reúne pinceladas soltas e, enfim, vê o quadro ganhar forma. Ao organizar o método que apresento aqui, compreendi com mais clareza como as feridas também foram professoras. Esse percurso me ajudou a honrar um pouco mais a minha história. Ao enxergar tudo o que floresceu a partir da dor, me emocionei várias vezes e agradeci a mim mesma por não ter desistido.

Este conteúdo me lembrou de que o sofrimento só ganha sentido quando se transforma em serviço. E se hoje esta obra existe, é porque um dia surgiu dentro de mim uma pergunta que não cessava: "Como posso devolver ao mundo aquilo que me salvou?". A resposta se materializou nestas páginas. Assim como um filho, ele nasceu, cresceu e agora segue o próprio rumo. Talvez toque vidas que eu jamais conhecerei – a parte mais bonita de tudo.

Agradeço aos meus pais e ancestrais, minha origem e meu primeiro solo. É por vocês que estou aqui. E é com profunda reverência que sigo adiante, levando o que recebi e devolvendo à vida o meu amadurecimento. Em especial, agradeço ao meu avô materno, que viveu com esquizofrenia e me inspirou, a seu modo, a cuidar da saúde mental com mais humanidade e menos estigma. Além disso, venho de uma linhagem atravessada por questões ligadas a vícios. Meu trabalho como psicóloga é também uma maneira de cura sistêmica.

Agradeço, com respeito e reverência, a todos os mestres e professores que iluminaram minha jornada – nas trilhas da psicologia, da filosofia, da espiritualidade e do corpo. Esses ensinamentos abriram caminhos, despertaram perguntas e plantaram sementes que floresceram neste livro. Um agradecimento especial à escola de meditação que me acolheu por tantos anos e cujas práticas nutriram a base da minha escuta, da minha presença e da minha busca pelo essencial. Todas essas inspirações, à sua maneira, seguem comigo – em gestos, palavras e silêncios. Que este livro seja também uma continuação daquilo que recebi de vocês.

Ao meu companheiro de vida, Fábio, obrigada por ter topado comigo a grande aventura de construir uma família com alma. Foi por sentir a sua presença firme ao meu lado que pude trilhar com liberdade o caminho de terapeuta, mãe e escritora. Durante a gestação deste livro, precisei muitas vezes me recolher, mergulhar em silêncio e voltar para dentro, e você seguiu ao meu lado, compreendendo com generosidade o que é importante para mim. Obrigada por ser meu parceiro de jornada. Por me lembrar todos os dias de que o amor maduro é aquele que segue junto, mesmo nas travessias mais exigentes. A você, que me vê como sou e, ainda assim, caminha comigo, toda a minha gratidão. E aos nossos filhos, que são os pilares dessa travessia.

Ao nosso primogênito, Luan, que chegou como um chamado da Terra. Sua presença dissolveu imagens idealizadas e me convidou a descer de alturas espirituais para reencontrar a minha humanidade – comum, imperfeita, real. Foi com ele que compreendi que a família também pode ser um caminho de iniciação. Dotado de uma sensibilidade rara e de uma mente afiada, Luan é um desses seres que meditam com as mãos ao piano e contemplam o mundo com a escuta de um verdadeiro pesquisador da consciência. Introspectivo, doce e profundo, ele me ensina a valorizar o silêncio, a beleza da arte e a integridade do pensamento. Ele foi o início silencioso deste livro muito antes de a ideia sequer existir.

À nossa filha, Mariah, que chegou em meus sonhos como um sopro de delicadeza e me conduziu ainda mais fundo ao feminino. A sensibilidade, a coragem em expressar emoções e a arte viva dela – que pulsa no cotidiano, na forma como sente, percebe, ama e cuida – me convidam a enxergar a beleza e a força que habitam a vulnerabilidade. Com alma de artista e coração de psicóloga, ela se dedica a conhecer o ser humano com profundidade e compaixão, expressando o que sente na fala, na escrita, no estilo e na presença. Ela iluminou novas camadas da minha alma e me lembrou, com doçura, que o feminino não é o oposto da força, mas uma outra forma dela: mais fluida, com potência de nutrir e, por isso mesmo, tão essencial.

Aos amigos, que caminham comigo mesmo nos meus recolhimentos, obrigada por me sustentarem nos bastidores com afeto, presença e paciência. Saber que posso contar com vocês me fortalece. Essa amizade é a terra firme em que este livro também criou raízes.

Aos meus alunos, que me inspiram a ir além. A sede de conhecimento e o entusiasmo pelos movimentos da alma alimentam a chama da pesquisadora que vive em mim. Foi por vocês também que este livro nasceu. Porque, ao ver quanto acolhem e aplicam esses ensinamentos com tanto amor e coragem, compreendi que era hora de deixá-los registrados. Obrigada por serem solo fértil, espelho e impulso.

À equipe da Editora Gente, minha profunda gratidão por acreditarem nesta obra e acolherem com respeito e sensibilidade cada etapa da sua gestação. Obrigada por darem forma, voz e voo a este livro com tamanha escuta e competência. Estendo meu agradecimento à minha equipe de trabalho, que me apoiou com paciência e parceria. Vocês também fazem parte dessa travessia e desse nascimento.

E, por fim, a você, querido leitor. Este livro foi escrito pensando em você. Desejo que sinta a minha companhia em cada página, e que este conteúdo seja um fio condutor para que o ego amadureça e o sagrado encontre morada na sua vida real. Foi imaginando suas lágrimas contidas, seus anseios mais íntimos e a beleza da sua transformação que eu segui escrevendo. Agora, esta obra já não é apenas minha – é sua também. Que as palavras aqui presentes alcancem o que mais importa: aquele ponto em que a sua dor encontra o seu dom.

SUMÁRIO

INTRODUÇÃO

Para me tornar uma pessoa plena e integrada com meu eu espiritual, eu acreditava que bastava meditar, abrir o coração, me conectar com o Divino e pronto: o resto se ajustaria. Mas quando as crises começaram a se intensificar nos meus relacionamentos mais íntimos, percebi que apenas a minha espiritualidade não daria conta das feridas emocionais que eu carregava, da minha necessidade inconsciente de aprovação, muito menos poderia controlar as minhas reações impulsivas.

Foi só quando, contrariada e desconfiada, iniciei um processo terapêutico que compreendi algo que transformou toda a minha trajetória: o despertar espiritual não é suficiente para o amadurecimento emocional – eles se complementam; um precisa do outro. O céu só se sustenta quando temos raízes profundas na terra. É preciso crescer para despertar.

Este livro nasceu exatamente dessa constatação e do meu próprio caminho de integração entre psicologia e espiritualidade.

Desde muito jovem, fui guiada por uma inquietação latente. Aos 22 anos, mergulhei em uma prática espiritual intensa e disciplinada: meditava horas a fio, adotei o celibato, me tornei vegetariana, fiz longos retiros de silêncio na Índia e experimentei uma profunda conexão com o Divino. A espiritualidade se tornou o centro da minha vida e, por um tempo, eu realmente acreditei que essa entrega absoluta bastava. No entanto, alguns anos depois, me apaixonei por um colega monge e descobri que estava grávida. Essa nova fase abalou completamente a estrutura que eu havia construído. Ainda permaneci vinculada por mais alguns anos à escola de meditação da qual havia me tornado professora, mas algo em mim começou a se transformar...

Ao mergulhar na "vida comum", na maternidade, no casamento e na prática profissional, percebi áreas da minha vida que haviam permanecido intocadas, à margem das experiências transcendentes que eu cultivava na meditação. Era como se parte de mim não fosse alcançada pela luz espiritual. Nas dificuldades do cotidiano, me via reativa, insegura, sobrecarregada.

O relacionamento com meu companheiro era instável, a maternidade exigia uma maturidade que eu não tinha, e minha relação com dinheiro era caótica. A espiritualidade, sozinha, não era suficiente. Foi então que decidi iniciar um processo terapêutico e cursar Psicologia.

Descobri que, sem integrar a história que carregamos no corpo às emoções e às relações, nenhuma prática espiritual se sustenta a longo prazo. Descobri também que curar é mais do que transcender: é também incluir e integrar. Amar não é apenas se conectar com o Divino, mas ajudar amorosamente a nossa criança ferida a amadurecer. A verdadeira luz só emerge quando temos coragem de atravessar nossa própria escuridão e descer até as nossas dores mais profundas, a fim de abrir espaço para o amor maior.

Foi nesse ponto de vulnerabilidade que comecei a entender uma verdade fundamental: a espiritualidade verdadeira permeia a vida prática. É uma força viva que se revela nas decisões do cotidiano, nos conflitos relacionais e nos momentos de fragilidade. Não basta buscar a transcendência se não formos capazes de integrar o sagrado à vida comum. Essa constatação me levou a aprofundar um tema que hoje considero essencial para a nossa transformação: a união entre a sabedoria do Oriente e a do Ocidente.

Há mais de trinta anos percorro essa ponte e mantenho a prática da meditação. Além disso, sou psicóloga, professora de constelação familiar e manejo de trauma. Como *helper* na metodologia Pathwork, conduzo grupos, retiros e processos de autodesenvolvimento. A partir dessa vivência, compreendi que o Oriente e o Ocidente nos oferecem caminhos complementares, mas frequentemente dissociados. Enquanto o Oriente se concentra na busca da transcendência do ego – no contato com o eterno, com o silêncio interior, com a essência que está além da identidade –, o Ocidente se dedica à ciência da história de vida, à psique individual e, mais recentemente, às relações interpessoais. Um valoriza a conexão com o divino; o outro, a construção da identidade e da autorreflexão.

A tradição ocidental trouxe uma ideia revolucionária que impactou profundamente a cultura moderna: a importância do indivíduo. No entanto, quando distorcido, esse pensamento gerou um excesso de autoimportância, reforçando o narcisismo contemporâneo e a ilusão da separação – separação do todo, dos outros e da própria essência espiritual. Já o Oriente, ao buscar o desapego e a transcendência do eu, corre o risco de negar aspectos fundamentais da experiência humana. Assim, esses dois caminhos geraram modelos de desenvolvimento diferentes, baseados em determinados métodos e prioridades, e necessários. Para mim, integrá-los é uma das tarefas mais urgentes do nosso tempo.

Dediquei-me com afinco ao autoconhecimento, fazendo dele o propósito da minha jornada pessoal e profissional. À medida que avancei no meu processo, também me coloquei a serviço de outras pessoas, ajudando-as a explorar seus caminhos únicos de crescimento. Percebi que, para acessar o que havia de melhor em mim e curar minhas feridas, precisava iluminar os cantos escuros da minha alma, onde se escondem imperfeições, medos, orgulho e aquilo que gosto de chamar carinhosamente de "Eu Inferior" (que explicarei mais adiante).

Foi um longo processo de "humildecer", um termo que amo e que traduz bem essa trajetória de reconhecer fraquezas e limitações para então encontrar a minha verdadeira força amorosa. Esse caminho exigiu sinceridade profunda e compromisso real comigo mesma; mergulhos nas partes mais sombrias da minha história. Hoje posso afirmar com certeza que valeu muito a pena! E é justamente esse aprendizado precioso que quero compartilhar com você neste livro.

Um aspecto essencial dessa jornada foi reconhecer quanto as minhas necessidades emocionais não atendidas na infância continuavam influenciando silenciosamente a minha vida adulta. Embora minha mãe tenha sido dedicada e presente, ser a filha mais velha em uma família numerosa me colocou em posições de exercer a responsabilidade e o autocuidado antes do tempo. Em paralelo, vivi uma relação conturbada com meu pai, marcada pela própria história de abandono dele que o tornava impulsivo, agressivo e distante, envolto em vícios como álcool e cigarro. Esse cenário criou um vazio afetivo profundo, uma sensação de sobrecarga e desamparo que carreguei por anos.

Com o tempo, percebi, surpresa, que esse vazio, além de afetar meus vínculos íntimos e profissionais, se manifestava nas minhas relações com líderes espirituais e com Deus. Projetei, sem perceber, minhas carências de infância em figuras de autoridade e em minha busca espiritual, esperando

É PRECISO CRESCER PARA DESPERTAR.

ENTRE O EGO E O SAGRADO
@PSICRISTINAFLORENTINO

que elas preenchessem aquilo que me faltava. Reconhecer esse padrão foi o primeiro passo para quebrá-lo e iniciar, de fato, um processo de cura e reconexão comigo mesma.

Ao entender que reproduzia inconscientemente essas carências emocionais em meus relacionamentos, pude enfim assumir a responsabilidade de criar a minha realidade emocional. Aprendi a cuidar e a nutrir minhas necessidades por conta própria, me tornando uma mãe acolhedora e um pai protetor para mim mesma. Assim, libertei outros da obrigação de me completar. Esse reconhecimento me permitiu desconstruir diversas imagens idealizadas – como a da mãe perfeita, da mulher inabalável ou da terapeuta que tudo resolve – e começar a acolher minhas imperfeições com curiosidade, honestidade e gentileza. Descobri que o pré-requisito para uma transformação real é aceitar incondicionalmente quem somos, tudo o que somos, mesmo que isso signifique correr o risco de não ser compreendida ou amada por todos. Esse movimento mudou por completo a minha relação com a realidade, que passou a ser vivida não mais como obstáculo, mas como uma grande mestra.

Nesse processo, compreendi que minhas convicções não são fixas nem imutáveis – elas se manifestam em diferentes camadas. Tal percepção começou a se tornar mais clara para mim quando, há uns bons anos, voltei para casa de uma formação bem cansativa. Eu carregava a expectativa de ser recebida com acolhimento, carinho, talvez até um jantar especial, mas, no lugar, encontrei meu companheiro exausto após um fim de semana inteiro cuidando das crianças. Ele não estava disponível da forma como eu esperava, e eu me frustrei. Reagi de maneira desproporcional. Na minha perspectiva infantil, para me sentir completamente amada, ele deveria estar me esperando de braços abertos, e talvez até com um jantar à luz de velas. Como isso não aconteceu, uma parte de mim se sentiu desconsiderada e descuidada. Minhas defesas se ativaram instantaneamente, tentando proteger a dor da minha criança ferida. Uma fúria tomou conta de mim. A pessoa zen desapareceu.

No entanto, apesar da raiva que tomava conta, decidi me recolher e fui tomar um banho. Ali, em silêncio, pedi ajuda espiritual e me esforcei para compreender o que havia por trás daquela reação tão intensa. Foi um momento de revelação: acessei uma dor antiga, dilacerante, da minha criança que tantas vezes se sentiu desamparada e invisível. Percebi que minha dor não era daquele momento em si, mas de necessidades que ainda viviam em mim. Saí do transe emocional e retornei ao presente. Voltei para meu companheiro, pedi desculpas e me permiti ser vulnerável, dizendo que aquela cena não tinha nada a ver com ele. A situação havia "apenas" lembrado o meu inconsciente de uma ferida antiga. Descobri que é a revelação mútua – honesta, profunda e vulnerável – que sustenta a confiança e mantém viva a chama erótica na relação. Eros se renova quando nos permitimos ser vistos em nossa verdade mais íntima.[1]

OS TRÊS NÍVEIS DE REALIDADE

Experiências cotidianas como essa – tão simples e triviais, e ao mesmo tempo tão reveladoras – me ajudaram a compreender os três níveis da realidade que todos nós experimentamos diariamente. Em cada nível, utilizamos uma lente específica através da qual percebemos o mundo.

O primeiro nível engloba tudo aquilo que vemos sob a ótica da nossa concepção de mundo. É o plano do Falso Eu – o Eu Defendido –, que reage automaticamente a partir de estratégias de sobrevivência moldadas por traumas, crenças antigas e medos não reconhecidos. Com essa lente, agimos no piloto automático: interpretamos o presente com as visões do passado, distorcemos os fatos, projetamos expectativas irreais. É como se enxergássemos o mundo através de um vidro embaçado. É também ao vermos o mundo nesse nível que acreditamos que nunca somos bons o bastante, pois há sempre um ideal de quem deveríamos ser, um modelo inatingível com o qual constantemente nos comparamos e nos frustramos.

Lembro-me de algumas situações em que meu companheiro se recolhia em sua introspecção. Ele não falava muito, ficava mais em silêncio, talvez lendo ou simplesmente dentro da própria caverna. Imediatamente,

---

[1] Eros, segundo Eva Pierrakos, serve como ponte entre o sexo e o amor puro, levantando a alma da separação e despertando o anseio por verdadeira união.

uma parte minha começava a criar histórias: "Ele está distante porque algo está errado entre nós", "Ele não me valoriza", "Sobra tudo para mim", "Ele precisa mudar, fazer terapia, resolver esse jeito irritante". Eu começava a julgá-lo, a me retrair, a me afastar emocionalmente, reagindo a algo que existia apenas na percepção distorcida, proporcionada pelo primeiro nível. A realidade era muito mais simples: ele estava apenas cansado, descansando à sua maneira – que, por sinal, é bem diferente da minha. Mas minha lente emocional, ainda embaçada por experiências antigas, ativava crenças da minha criança ferida e se manifestava em pensamentos como: *Não sou vista, Não sou importante, Estou sozinha nessa relação, Se eu não fizer, ninguém mais faz.* Esta era a realidade vista: minha dor antiga distorcendo o momento presente.

O segundo nível é aquele que nos faz enxergar a realidade como ela é: nua, crua, direta. Aqui deixamos de fugir. Aprendemos a estar presentes e a observar com honestidade o que sentimos, o que pensamos, quem realmente somos. Passamos a reconhecer nossas partes internas sem julgamentos, com uma atitude amorosa que liberta. Então, experimentamos um grande alívio: o peso da perfeição começa a se dissolver e, com ele, as falsas identidades que carregamos desde a infância.

Nessa mesma situação, quando desenvolvi a habilidade de perguntar ao meu companheiro como ele estava, sem acusação ou cobrança, mas com abertura e curiosidade, ouvi dele: "Só estou cansado, e minha cabeça está cheia, então me retirar é a forma como recarrego minhas energias". Ali percebi quanto havia projetado as minhas expectativas nele. Ao acolher a minha parte ferida com carinho, pude reconhecê-la sem me deixar ser dominada por ela. Voltei para o agora. Pude estar com ele e com o momento real, não com a fantasia que minha mente tinha criado. Este é o segundo nível: ver a realidade como ela é.

O terceiro nível é o mais profundo: o do potencial criativo da realidade. Aqui vislumbramos tudo o que *poderia* ser. Quando aceitamos com sinceridade nossas limitações atuais, sem negá-las nem nos envergonharmos delas, abrimos espaço para a transformação. Esse é o campo em que se manifesta nossa potência, nossa expressão mais verdadeira, a possibilidade de uma vida mais leve, plena e conectada com a alma.

Com essa lente, comecei a perceber que cada pequena escolha minha, se feita com consciência, era também a semente de algo maior. Ao cuidar da minha dor com presença e verdade, abri espaço para viver uma relação mais madura, com mais conexão e menos projeção. Quando escolho responder em vez de reagir, algo novo se torna possível – e é esse campo de possibilidades que transforma nossos vínculos e nos permite crescer em liberdade.

Esses três níveis de realidade se refletem também na maneira como experimentamos o amor. O amor imaturo nasce quando observamos sob a primeira lente – ele nos torna reativos, carentes, impulsionados por necessidades infantis não atendidas. Acabamos exigindo do outro aquilo que só o nosso cuidado pode oferecer. Já o amor maduro surge quando observamos a partir do segundo nível: ele é liderado pelo nosso Eu Adulto, que reconhece as vulnerabilidades, respeita os limites e se compromete com relações autênticas, sem perder de vista a responsabilidade afetiva. E há ainda o amor espiritual – o mais elevado – que nasce ao observarmos no terceiro nível: quando acessamos a luz interior, nos tornamos canais do nosso Eu Superior e transbordamos um amor que não exige nada em troca. Um amor que simplesmente é e se expande sobre nós e sobre o mundo.

Durante a leitura deste livro, você será convidado a rever, com profundidade e compaixão, os três níveis de realidade e amor. Quem conduzirá essa jornada será o seu eu/ego adulto – aquele aspecto mais consciente, presente e responsável em você.

Mas o ego não é um obstáculo no caminho espiritual?

Durante muito tempo, a espiritualidade e a psicologia divergiram em relação ao papel do ego. Em muitas tradições orientais, o ego é visto como algo a ser superado ou eliminado. Já no Ocidente, é frequentemente supervalorizado, mas desconectado de qualquer dimensão espiritual. O resultado desses extremos é um ego imaturo – ora rígido, ora frágil; ora controlador, ora submisso – que acaba dificultando o crescimento verdadeiro.

Com o tempo, compreendi que o ego não é o problema. O problema é a falta de maturidade dele. Quando está desequilibrado, o ego se apega a imagens idealizadas e tenta evitar o contato com nossas vulnerabilidades. Mas, quando ele amadurece, torna-se um aliado fundamental. Ele passa a atuar como um mediador sábio entre nossas partes internas e a realidade externa, sustentando o desenvolvimento emocional e espiritual com mais equilíbrio, presença e autenticidade. Em vez de negar ou tentar transcender prematuramente o ego, precisamos fortalecê-lo e educá-lo. Um ego amadurecido não busca validação externa, tampouco foge da dor; ele se torna capaz de servir a algo maior com humildade, verdade e amor.

Sei que esse caminho parece abstrato. E para ajudar você a percorrê-lo, criei o método AdulteSer, que une amadurecimento psicológico e despertar espiritual em um percurso intenso e acessível. Muitas vezes, buscamos alcançar patamares elevados de espiritualidade, mas permanecemos presos a reações emocionais infantis. Outras vezes, investimos anos em psicoterapia e ainda assim sentimos o vazio avassalador, a ausência de conexão com algo maior. O AdulteSer nasce da integração dessas duas vertentes, propondo um caminhar que parte da dor para chegar à plenitude. A proposta é simples, mas profunda: crescer para despertar.

Organizado em seis etapas, o método guiará você desde a observação das suas reações automáticas até a transcendência do ego. Você aprenderá a acolher suas emoções com compaixão, a reconhecer padrões repetitivos, a cuidar das feridas da sua criança interior, a integrar suas partes internas e, enfim, a viver com mais presença, alinhado à tarefa da sua alma. Ao longo dessa jornada, você se tornará capaz de suprir as próprias necessidades emocionais e espirituais, assumindo o papel de uma mãe nutridora e de um pai protetor de si mesmo.

Portanto, convido você a embarcar comigo nesta caminhada delicada, bela e transformadora, reconhecendo que nosso maior dom, nossa verdadeira vocação, nosso recurso mais precioso se encontra exatamente onde está nossa maior dor. E é ali, no ponto de maior vulnerabilidade, que pulsa também a nossa maior potência. Ao trilhar essa jornada, você descobrirá que é capaz de se tornar seu próprio Sol, iluminando suas necessidades e preenchendo-se por completo. Você não precisará mais projetar suas carências nas relações ao seu redor. Pelo contrário, encontrará a possibilidade de transbordar amor genuíno, irradiando luz e calor para si mesmo e para o mundo. Este é o convite corajoso e amoroso que faço a você agora: vamos, juntos, transformar suas maiores dores em suas maiores pérolas?

1. ENTRE O EU E A TRANSCENDÊNCIA

Tudo aquilo que permanece oculto, não revelado ou não integrado dentro de nós também molda a realidade que vivemos.

Vivemos em uma época marcada por fatores que nos trazem inquietação interior. Cercados pelo excesso de informação e por uma rotina que parece exigir um desempenho cada vez mais eficaz, buscamos nas práticas espirituais um alívio rápido para essa constante tensão. No entanto, ao voltarmos para a vida cotidiana, percebemos que essa paz é efêmera, e a inquietação retorna com maior intensidade.

Talvez você reconheça essa dinâmica dentro do seu coração: um desejo genuíno por uma espiritualidade elevada, relações autênticas e um propósito claro e significativo para sua vida pessoal e profissional. Você deseja que a espiritualidade não seja apenas um refúgio temporário, isolado em meio ao caos do cotidiano, mas uma força viva, presente em cada aspecto da sua existência – nos vínculos familiares, nas amizades, na carreira e até mesmo em sua relação com o dinheiro. Apesar desse desejo profundo, é comum sentir frustração ao perceber que a realidade cotidiana parece distante dessa aspiração.

Muitas vezes, tal desconexão ocorre porque não temos plena consciência de como questões emocionais não resolvidas podem afetar nossa busca espiritual. Do outro lado, podemos mergulhar em reflexões psicológicas, explorando feridas, traumas e padrões familiares, mas sem o suporte da dimensão espiritual, o que pode tornar essa jornada árida, excessivamente autocentrada e incompleta.

Talvez você já tenha se dedicado ao caminho da transcendência, cultivando uma conexão genuína com algo maior, mas percebeu que essa dedicação por si só não garante as habilidades práticas necessárias para lidar com os desafios do cotidiano. Não é incomum observar conflitos interpessoais nas próprias comunidades espirituais, onde o amor pode se confundir com a dificuldade de estabelecer limites saudáveis, ou então com a incapacidade de lidar, de modo equilibrado, com dinheiro e trabalho.

Em minha jornada, vivi esse conflito de maneira intensa. Quando me tornei monja, ainda jovem e emocionalmente imatura, me entreguei por inteiro à vida espiritual, convencida de que a minha conexão profunda com o Divino seria suficiente para conseguir enfrentar todos os desafios da vida cotidiana. Acreditava que, quanto mais profunda e constante fosse minha prática espiritual, mais "perfeita" minha vida se tornaria. Contudo, logo descobri que, por trás daquela imagem idealizada, havia um sentimento de inadequação nas minhas relações e uma constante sensação de falta. Eu sustentava a crença equivocada de que deveria renunciar às minhas necessidades e aos meus desejos humanos para ser espiritualmente digna.

Naquela época, eu não tinha consciência de como minhas concepções errôneas afetavam o meu desenvolvimento espiritual. Embora a intenção de me unir a Deus e servir à vida fosse genuína, provinha de uma identidade imatura, que projetava nos líderes espirituais e nos colegas iogues questões internas que precisavam urgentemente ser vistas, aceitas e integradas. Sem a orientação adequada, eu acreditava que havia algo errado comigo, mas não conseguia admitir isso, pois julgava que, ao reconhecer minhas dificuldades, demonstraria uma falha na conexão espiritual. Agia de maneira ingênua ao pensar que os problemas eram exclusivos das pessoas comuns, aquelas que não mergulhavam diariamente na fonte divina, que ainda não haviam encontrado "O caminho".

Com o tempo, percebi que tudo aquilo que permanece oculto, não revelado ou não integrado dentro de nós também molda a realidade que vivemos. Quando você ignora essas vozes internas, elas inevitavelmente emergem no mundo externo, manifestando-se em situações desafiadoras que exigem atenção e resolução. Talvez você já tenha sentido esse contraste: por mais intensa que seja sua prática espiritual, problemas e conflitos continuam surgindo. Quando isso acontece, é natural se perguntar: "O que estou fazendo de errado? Isso é uma prova, um teste que Deus está enviando, ou será o meu karma?".

Acontece que alcançar essa integração pode ser mais desafiador do que parece à primeira vista. Nas comunidades espirituais, frequentemente surgem conflitos, disputas sutis por poder, dificuldades de distinguir entre rigidez e autodisciplina, amorosidade e limites, desapego e autocuidado, simplicidade e privação, humildade e desvalorização pessoal, agressividade e assertividade. Essa confusão gera ciclos constantes de idealização e desilusão, resultando muitas vezes em uma relação infantilizada com Deus ou com a espiritualidade.

Como consequência, muitos praticantes acabam somatizando emoções reprimidas, o que os leva a sofrer de ansiedade, depressão e burnout. Diante dessas frustrações, é comum projetar a insatisfação na tradição espiritual, em seus líderes ou na comunidade. Além disso, questões práticas, como a relação com o dinheiro e com o trabalho, frequentemente são vistas como secundárias ou incompatíveis com a espiritualidade, criando dilemas sobre autovalorização e profissionalismo.

Essa dualidade é comum. Ao buscar na espiritualidade respostas para carências emocionais não resolvidas, quando essas expectativas não são atendidas, sentimentos intensos como frustração, raiva ou até crises de fé podem emergir. Compreender claramente suas necessidades emocionais é essencial para integrar espiritualidade e vida prática de modo verdadeiro.

Há também a possibilidade de você ter se dedicado ao caminho terapêutico, investindo anos em autoconhecimento, frequentando com regularidade sessões de terapia, adquirindo habilidades de autorregulação emocional, dissolvendo crenças limitantes e integrando traumas antigos. Apesar de todo esse empenho e da maturidade emocional conquistada, talvez ainda sinta vazio existencial, a sensação de que algo fundamental está em falta. Essa experiência pode apontar para uma desconexão com a dimensão mais ampla do mistério, do transcendente, do Espírito maior que vai além das fronteiras do ego adulto. É justamente essa dimensão que abre nosso coração, nos convida a experimentar um sentido mais profundo de propósito e pertencimento e nos conecta com o Eu Superior. Sem essa conexão espiritual, o processo de autoconhecimento pode acabar se tornando excessivamente autocentrado, limitando o potencial da sua jornada.

O Eu Superior é a dimensão da consciência que nos permite sentir a união com o Divino e experimentar um propósito maior, para além de feridas e histórias pessoais. Quando o neocórtex, a parte do cérebro pensante, está conectado ao coração, há uma integração entre razão e intuição, permitindo que o estado de "não eu" se manifeste. Nesse estado, a vida flui através de nós, permitindo-nos experimentar a presença do sagrado na existência cotidiana. Essa conexão não anula o ego, mas o coloca a serviço de algo maior, promovendo um sentido de pertencimento e harmonia perante a vida.

Sem essa dimensão, a busca terapêutica pode se tornar interminável, pois, mesmo com a elucidação de traumas e dificuldades emocionais, a necessidade mais profunda da alma – o anseio pela transcendência e pela integração com o todo – permanece insatisfeita. A verdadeira cura acontece quando você consegue alinhar o amadurecimento psicológico com a expansão espiritual, permitindo que o autoconhecimento leve você à autorregulação emocional e a uma vivência mais ampla do sagrado.

Entre as pessoas que escolheram assumir um compromisso intenso com a espiritualidade é comum surgir a postura de: "Não faço terapia porque meu terapeuta é Deus". Eu mesma me sentia tão elevada e plena a partir das práticas meditativas diárias que não considerava a possibilidade de fazer terapia. Eu nem percebia que havia essa necessidade. Eu acreditava que, caso surgisse algum problema, bastaria meditar mais. No entanto, quando me casei e me tornei mãe, percebi que todos os anos de prática não foram suficientes para lidar com as complexidades do cotidiano.

Será que é possível encontrar um caminho no qual a espiritualidade e a vida cotidiana não se excluam, mas se fortaleçam mutuamente? No qual o crescimento emocional e a conexão com algo maior possam andar lado a lado?

A ESPIRITUALIDADE NO OCIDENTE E NO ORIENTE

As tradições de sabedoria do Ocidente nos mostram que estamos aqui para honrar nossa natureza divina e enraizá-la em nosso corpo e nossa vida humana. Enquanto o Oriente se volta para a dimensão vertical (a relação com o divino, Deus ou a espiritualidade) e eterna, o Ocidente se concentra na história de vida e na dimensão intrapsíquica do indivíduo – incluindo, posteriormente, as relações interpessoais.

A polarização entre essas duas visões contribuiu para a fragmentação que você talvez experimente: de um lado, o Oriente enfatiza a dissolução do ego e a busca pela transcendência; de outro, o Ocidente desenvolveu um foco intenso na individualidade e na psicologia do eu. Encontrar um equilíbrio entre essas abordagens permitirá que você acesse tanto a expansão espiritual quanto o amadurecimento emocional.

Foi no Ocidente que surgiu a ideia revolucionária da importância do indivíduo, o que impulsionou a valorização dos talentos pessoais e da missão de cada um no mundo. Em sua forma mais saudável, essa perspectiva encoraja a individuação – o processo de descobrir quem somos, independentemente dos papéis que a família, a sociedade ou a religião nos atribuem. No entanto, essa mesma ideia, quando desvirtuada, pode levar à chamada "síndrome da autoimportância", ao excesso de "eu" ou até ao narcisismo contemporâneo, por meio do qual a pessoa se vê como o centro absoluto, desconectada do Divino e do coletivo.

Já o Oriente abraça justamente o oposto: ensina o desapego do ego, do "eu", do corpo e da matéria, valorizando a experiência direta com o Divino. Se seguido ao extremo, pode resultar em um excesso de divindade, que nos afasta da nossa parte mais humana e das responsabilidades práticas da vida.

A visão ocidental, ao focar o questionamento e a investigação, foi fundamental para o surgimento do método científico e, com ele, da psicologia. Esse olhar permitiu uma compreensão mais profunda do psiquismo individual, da formação de conflitos internos, dos padrões defensivos e dos comportamentos disfuncionais, além de colocar luz sobre os traumas. Entretanto, o excesso de "eu" produzido por esse enfoque pode deixar de lado o "contexto" em que existimos e, principalmente, a dimensão espiritual inerente ao ser humano. Ao mesmo tempo, e do outro lado da régua, o excesso de divindade no Oriente pode nos desconectar da vida cotidiana.

É por isso que se faz tão necessário um olhar integral, aquele que consegue abraçar as dimensões biológica, psicológica, social e espiritual, harmonizando o melhor de cada uma. Quando você conseguir equilibrar o valor do "eu", o seu processo de individuação e a consciência de algo maior que o transcende, encontrará um caminho de cura capaz de reconhecer tanto sua humanidade quanto sua natureza sagrada. Nesse ponto, passará a vivenciar uma existência mais completa, na qual o Divino se manifesta não apenas em rituais, orações e meditações, mas também em ações cotidianas, nas relações interpessoais e nas escolhas concretas da vida comum. E é justamente sobre esse caminho de integração que conversaremos ao longo deste livro!

Para iniciar essa jornada, é fundamental ter disponibilidade e coragem de olhar para dentro, reconhecer e acolher medos, dores, sombras e limitações. Ao enfrentarmos com honestidade aquilo que nos feriu, começamos a compreender a origem das nossas dificuldades e descobrimos nossa pérola interior – o lugar em que reside nossa essência mais verdadeira e integrada. Toda pérola nasce de um desconforto, de uma dor que, ao ser acolhida e transformada, revela uma beleza singular e autêntica.

No próximo capítulo, vou compartilhar com você como eu vivenciei esse processo. Vou contar os desafios que enfrentei, as descobertas mais significativas que fiz e, principalmente, as ferramentas e práticas que me ajudaram nessa caminhada de transformação e integração.

A VERDADEIRA CURA ACONTECE QUANDO VOCÊ CONSEGUE ALINHAR O AMADURECIMENTO PSICOLÓGICO COM A EXPANSÃO ESPIRITUAL.

ENTRE O EGO E O SAGRADO
@PSICRISTINAFLORENTINO

2. DORES DO CRESCIMENTO

A vida não exige que escolhamos entre extremos. Na verdade, precisamos aprender a dançar com eles.

Desde cedo, aprendemos a nos proteger. Criamos uma casca ao redor do que há de mais sensível em nós, uma concha firme e resistente que nos acompanha ao longo da vida. Dentro dela, escondemos as dores mais profundas, as memórias silenciadas, os medos e as lágrimas que precisaram ser contidos.

Dentro dessa concha, há algo precioso esperando para ser revelado. Uma pérola, um brilho oculto que só consegue emergir quando temos direcionamento, coragem e disponibilidade de olhar para dentro, porque abrir essa concha não é simples. Crescemos aprendendo a evitar a dor, a nos anestesiar dela, a nos distrair com compromissos, conquistas e responsabilidades. Entretanto, o sofrimento não desaparece com o tempo; ele se esconde nas profundezas da alma, nos cantos não iluminados da nossa psique, esperando para ser ouvido.

Dia 9 de novembro de 1969. Meu nascimento, meu primeiro grande salto no desconhecido da existência. A forma como chegamos ao mundo já carrega pistas sobre nossa jornada da alma. O primeiro gesto, o primeiro contato com a vida, diz muito sobre os desafios que enfrentaremos e a tarefa da nossa alma.

No meu caso, vim ao mundo após uma gestação escondida até os sete meses. Nasci de parto natural, no corredor do hospital, sem ajuda do médico obstetra. Já ali, a mensagem estava clara: "Não preciso de ajuda, posso nascer sozinha". Uma autossuficiência precoce, moldada pelas circunstâncias, que também ativaram, de maneira silenciosa, minhas feridas de desamparo e falta de apoio – temas que viriam a marcar a minha trajetória.

Logo vieram meus três irmãos. Minha mãe teve quatro filhos ainda muito jovem, antes dos 24 anos. Não tínhamos ajuda em casa, e a vida era simples. Desde cedo, assumi o lugar da filha que ajudava a mãe. Não havia espaço para depender, ser cuidada, ser criança. Eu me tornei forte e independente, aquela que se virava sozinha e dava conta de tudo. Preparava meu café da manhã, me vestia para ir à escola e ficava atenta a detalhes que, no fundo, ansiava que alguém cuidasse por mim. A ferida do desamparo emocional me pegou fundo, e minhas maiores necessidades não atendidas foram as da segurança e do cuidado.

Essa ferida se manifestava em pequenas situações. Eu observava minha colega de classe que sempre chegava à escola impecável, com tranças bem-feitas, cheirosa e de uniforme engomado. Não precisava pensar em se arrumar; alguém fazia isso por ela. Eu invejava aquele zelo, aquela presença de um adulto que cuidava dos pequenos detalhes da infância dela.

Na mesma rua em que morávamos, algumas crianças tinham uma vida diferente. Tinham brinquedos que não podíamos comprar e viviam em casas maiores. Uma delas tinha até um piano na sala. Elas costumavam brincar entre si, raramente me chamavam. E, quando o faziam, eu sentia um misto de alegria e constrangimento. Mais tarde, me perguntei por que eu me sentia tão inferior em relação a elas. Talvez porque, de alguma forma, eu soubesse que não tinha o que oferecer. Eu não tinha um brinquedo para compartilhar. Talvez eu não fosse tão interessante. Mas, ironicamente, minha mãe era. Como ela era costureira, as crianças pediam que costurasse roupinhas para suas bonecas.

Pois é, meu maior bem era requisitado pelas meninas que me excluíam, e eu não gostava nada dessa ideia.

A infância é um território de descobertas e aprendizados, mas também é a época em que somos convidados a lembrar das nossas principais feridas e da tarefa da alma. É nesse período que começamos a tecer a trama da nossa identidade. As experiências que vivemos se entrelaçam como fios invisíveis que tecem o pano de fundo de nossas relações, crenças e escolhas. Muitas vezes, seguimos a vida sem perceber como esses padrões adquiridos lá atrás permanecem vivos dentro de nós.

Como uma boa tecelã da alma, fui puxando os fios da minha própria biografia e percebi que eles não começavam em mim. Faziam parte de um novelo muito maior, carregado de memórias e marcas que atravessavam gerações. Minha mãe e minha avó também tinham a ferida do desamparo. Essa revelação trouxe um misto de pertencimento e responsabilidade – eu poderia repetir a história ou escolher transformá-la.

A FORMA COMO CHEGAMOS AO MUNDO JÁ CARREGA PISTAS SOBRE NOSSA JORNADA DA ALMA.

ENTRE O EGO E O SAGRADO
@PSICRISTINAFLORENTINO

Foi nessa descoberta que algo ainda mais profundo se revelou: aquilo que eu acreditava ser a minha maior fraqueza era, na verdade, a semente da minha força. Cresci me protegendo, aprendendo a resolver tudo sozinha, obstinada a provar o meu valor, tentando salvar todos à minha volta. Essa foi a minha estratégia de sobrevivência, sim, mas também se tornou meu dom. Minha resiliência, minha capacidade de acolher, minha força de realização: tudo isso nasceu do mesmo lugar onde um dia habitou a minha dor.

TRANSFORMANDO OS GRÃOS

Somos como conchas que guardam em seu interior uma joia escondida. A pérola não surge em um ambiente de conforto. Ela nasce do incômodo. No coração do oceano, quando um grão de areia invade o interior de uma ostra, ela se fecha. A princípio, sente a dor do intruso que fere seu tecido interno. Não pode expulsá-lo, não pode negá-lo. Então, em um gesto de sabedoria silenciosa, a ostra o envolve, camada após camada, transformando, ao longo do tempo, o grão – que inicialmente era uma fonte de dor – em algo extraordinariamente belo e valioso. Quando soube que as pérolas são formadas a partir de uma ferida, fiquei encantada com a similaridade entre esse processo e a nossa jornada de transformação humana.

Crescemos nos adaptando às águas turbulentas da infância. Talvez, em algum momento, tenhamos sentido grãos de areia – como o abandono, o desamparo, a humilhação e a rejeição – invadirem nossa alma. Naquele tempo, não tínhamos um ego maduro e estruturado o suficiente para nos proteger. Assim como a ostra, não pudemos fugir dessas dores.

Foi então que nossa alma, com sua sabedoria inata, encontrou um caminho para nos manter inteiros diante daquilo que não podíamos processar: guardou essas dores em um lugar seguro, um cofre invisível dentro de nós. Um sistema inteligente, um ato de preservação. Nosso próprio sistema nervoso, na tentativa de garantir a sobrevivência, registrou essas experiências de dor nos cantos mais profundos do cérebro, especialmente na amígdala e no hipocampo, estruturas responsáveis por armazenar memórias emocionais e traumas. Como acontece na caixa-preta de um avião, que registra os momentos mais críticos de um voo, nossa psique gravou tudo aquilo que não pôde ser sentido ou resolvido – não apenas nossas dores individuais, mas também ecos de histórias familiares não concluídas.

Esse é um ato de autoproteção. A criança não pode lidar com tamanha dor sem fragmentar a sua psique, então a alma, amorosamente, "tranca a porta". Lá dentro, as feridas permanecem vivas, pulsando, aguardando o momento certo para serem vistas. A promessa é simples: "Quando você crescer e tiver recursos internos, poderá abrir essa caixa, e seu verdadeiro tesouro será revelado". Até esse dia chegar, vivemos a maior parte do tempo inconscientes dessas feridas e, sem percebermos, recriamos a mesma história várias e várias vezes.

Entenda que há um segredo aqui: nossa vida atual é um espelho do passado. As mesmas dinâmicas emocionais que vivemos na infância seguem se repetindo – em relações, nos maiores desafios, nos medos e desejos mais profundos. Se quisermos entender a nossa história, basta olhar para os padrões que seguimos recriando até hoje. E tudo isso começa lá atrás, com o primeiro grande anseio da existência: sentir o prazer e a segurança de ser completamente amado.

Quando nascemos, trazemos conosco necessidades essenciais. Buscamos instintivamente a segurança, o pertencimento e a conexão, ansiando por sermos amados e aceitos exatamente como somos. Queremos ser vistos na nossa individualidade; protegidos, cuidados, atendidos, compreendidos em cada lágrima e sorriso. Queremos que nosso coração bata em sintonia com a pulsação de alguém disposto a cuidar de nós. Necessitamos de um lar com uma atmosfera emocional estável.

Para uma criança, não há meio-termo. O amor precisa ser completo.

O mundo infantil é regido pela dualidade: "isso ou aquilo", "tudo ou nada", "ou sou amado por inteiro, ou estou em perigo", e assim por diante. Nos primeiros anos de vida, ainda não possuímos uma estrutura emocional e cognitiva capaz de compreender nuances. Para uma criança pequena, o amor dos pais não pode coexistir com falhas – qualquer ausência, hesitação ou incoerência é percebida como ameaça. O que para um adulto pode ser uma frustração passageira, para a criança pode soar como um risco à sobrevivência.

Os primeiros fios de conexão com a vida e com as pessoas ao redor são tecidos nesse campo de experiências iniciais. Se esses fios forem frágeis, confusos e inseguros, a criança crescerá sem uma base sólida de confiança. Para algumas, essa fragilidade se manifesta de maneira sutil: pequenas negligências, um olhar de impaciência, uma ausência emocional. Para outras, a experiência é marcada por traumas mais doloridos: pais agressivos ou abusivos, mães distantes ou negligentes, situações de violência ou abandono. Essas vivências moldam a forma como cada um se conecta com os outros e os padrões que serão criados, como muitos autores de desenvolvimento humano já observaram.

A ausência de acolhimento não se traduz apenas em tristeza. Ela deixa marcas de todo tipo, pois ativa um medo primitivo que ecoa nas camadas mais profundas do sistema nervoso: "Se eu não for amado, posso morrer". Essa sensação visceral de vida ou morte fica registrada no corpo, influenciando a maneira como nos relacionamos, amamos e somos amados. Porém a vida não pode nos dar esse amor absoluto. Nenhuma mãe, nenhum pai, nenhuma família, ninguém é capaz de oferecer a perfeição. E é nesse choque com a realidade que o ciclo da criança ferida começa.

Diante da primeira experiência de frustração – uma demora de colo, um olhar de impaciência, uma ausência inexplicável –, nossa criança interior se fragmenta. Para algumas, essa dor é internalizada de maneira silenciosa; para outras, ela se manifesta em emoções e comportamentos intensos, como ansiedade, agressividade ou isolamento. Um sentimento de rejeição, abandono ou desamparo se infiltra delicadamente em nossa psique, levando-nos a criar estratégias para nunca mais reviver esse sofrimento. Desenvolvemos uma consciência de segundo plano, uma camada de proteção, uma autoimagem idealizada, buscando incessantemente a perfeição como forma de resolver esse problema. Assim, levamos a nossa criança a concluir que, se for perfeita, de acordo com o que é perfeição em nosso conceito familiar, talvez possa reverter a situação. É dessa forma que se cria um "falso eu", ou uma máscara social na tentativa de garantir amor e aceitação.

A ESPIRITUALIDADE VERDADEIRA PERMEIA A VIDA PRÁTICA.

ENTRE O EGO E O SAGRADO
@PSICRISTINAFLORENTINO

A INCOMPLETUDE APESAR DA PRÁTICA ESPIRITUAL

Ao longo da minha vida adulta, mesmo sem compreender claramente esses mecanismos, eu recriei a minha ferida do desamparo emocional por meio de uma dinâmica entre extremos: uma busca quase obsessiva por espiritualidade combinada com a dificuldade de integrá-la à realidade cotidiana.

Como comentei anteriormente, entre os 22 e os 30 anos, me entreguei a uma prática espiritual meditativa – adotando o celibato, o vegetarianismo, acordando às 4 horas da manhã para meditar e ministrando aulas de meditação. Essa rotina rigorosa e constante me conduziu a estados elevados de consciência, trazendo uma paz que parecia transcender tudo o que eu conhecia. Minha vida estava totalmente dedicada à meditação e ao serviço espiritual, e com sinceridade eu acreditava que essa conexão era suficiente para preencher todas as minhas necessidades emocionais e espirituais. De fato, foi assim por alguns anos.

Porém, a vida, com sua sabedoria infinita e inusitada, trouxe uma mudança radical que abalou essa estrutura aparentemente perfeita. Como você já sabe, me apaixonei por um colega de prática espiritual e, sem planejamento algum, aos 26 anos descobri que estava grávida. Compartilhar essa novidade com a comunidade iogue foi desafiador. Tudo o que eu havia construído de repente desmoronou: meu lugar de professora de meditação, as conexões com os colegas da família espiritual, minha identidade e, o mais perturbador, minha relação estável e segura com Deus. Naquele momento me senti totalmente desamparada, sem apoio humano ou divino. Foi uma experiência avassaladora, que me deixou sem chão. A legítima noite escura da alma. Entrei como que em um "quarto sombrio". Parecia que eu caía em um vazio, e a sensação de não ser nada foi terrível.

Lá atrás, eu não tinha ideia do que estava sendo despertado em mim; muito pelo contrário, a sensação era de morte. Atordoados, eu e meu companheiro decidimos seguir em frente e abraçar a parentalidade. Depois do nascimento do nosso filho, voltamos às práticas espirituais por mais alguns anos.

O nascimento do nosso filho trouxe desafios enormes, mas também abriu as portas para um novo e poderoso aprendizado. Inicialmente, resisti muito à mudança. Tentei manter a mesma disciplina rígida, buscando conciliar o impossível: a rotina espiritual, o casamento e as demandas da maternidade. Durante uns três anos eu vivi em luta. Queria continuar a vida espiritual como se nada tivesse acontecido; queria estar casada, mas mantendo o celibato; queria ser a mãe zen, mas quando me via irritada, impaciente, sem saber como fazer meu filho dormir, comer ou respeitar limites, me sentia totalmente incapaz e confusa.

Só depois de muito sofrimento percebi como lutar contra a realidade só aumentava a minha dor. Era impossível manter aquele estilo de vida com uma criança pequena, por mais que meu orgulho e minha obstinação quisessem provar o contrário. Eu estava prestes a entender que lutar contra a realidade é uma batalha perdida.

Um momento decisivo que me levou a questionar minha obstinação foi quando, ao retornar de uma viagem espiritual à Índia, vivi uma cena que jamais esquecerei: meu filho, no colo da minha mãe, levou alguns segundos para me reconhecer. Naquele instante devastador, percebi que estava causando nele a mesma ferida que havia sentido em minha própria infância: a dor do desamparo. Se já era angustiante me sentir desassistida, a experiência de fazer o mesmo com um ser tão pequeno e inocente, cuja segurança dependia inteiramente de mim, foi dilacerante. Foi como despertar abruptamente de uma cegueira profunda que me impedia de enxergar a realidade.

Com o tempo, compreendi que a vida me convidava a crescer em uma nova dimensão amorosa, muito além do que eu sequer imaginava. Era como se minha alma estivesse se expandindo, revelando forças e capacidades adormecidas. A maternidade, embora repleta de desafios, tornou-se um catalisador essencial para a minha evolução pessoal e espiritual. Desde o primeiro suspiro, meu filho foi um verdadeiro mestre, ensinando-me diariamente sobre amor, cuidado e a contínua descoberta de mim mesma. Decidi aceitar sem reservas o chamado da maternidade, acolhendo o convite profundo da vida e do meu Eu Superior. Assim descobri, com surpresa e gratidão, que a família também pode ser um catalisador poderoso de iniciação espiritual. Inspirados por essa percepção e um novo caminho que se mostrou, nos tornamos cofundadores da primeira escola Waldorf de ensino fundamental em Campinas (SP). E mais: quando nossa filha caçula chegou, o nascimento dela veio coroar essa minha reconciliação com a história familiar.

Mesmo assim, o casamento foi um desafio. Apesar do amor e dos ideais espirituais compartilhados com meu companheiro, as tarefas cotidianas frequentemente geravam desentendimentos que abalavam a harmonia da casa. Era difícil admitir que, após tantos anos dedicados à meditação, eu não conseguia vivenciar uma relação madura e equilibrada. Além disso, percebi que minha paciência com meu filho era mais curta do que eu desejava, contrariando minhas próprias expectativas de perfeição, moldadas por minha trajetória espiritual. Em vários momentos eu me pegava pensando: *Onde foram parar os aprendizados obtidos nos meus anos de meditação?*

Foi nesse ponto que ficou claro para mim que a prática espiritual intensa por si só não assegura maturidade emocional. Assim, decidi iniciar um processo terapêutico, buscando entender e curar as questões que permaneciam ocultas. Foi a partir desse passo em direção ao autoconhecimento emocional que comecei de fato a integrar todas as minhas partes internas, descobrindo novas camadas de minha jornada pessoal e espiritual. Decidi cursar Psicologia e, em seguida, realizei o treinamento da metodologia Pathwork, de constelação familiar e muitas outras formações.

Pouco a pouco, compreendi que a vida não exige que escolhamos entre extremos. Na verdade, precisamos aprender a dançar com eles. Aceitar as mudanças não significava abandonar quem eu era, mas integrar novas dimensões à minha existência anterior. Não se tratava de escolher entre ser mãe ou monja, meditar ou fazer terapia. Não havia necessidade de escolher entre família espiritual ou família de origem, celibato ou não, corpo ou alma, desapego ou prosperidade financeira. Esse foi o início de uma nova etapa. Os extremos pararam de me limitar e passaram a ampliar meu potencial e aprofundar minha compreensão sobre mim mesma.

Com essa nova consciência, parei de resistir às situações que a vida colocava diante de mim e comecei a enxergar as dualidades como oportunidades de crescimento. O que antes parecia uma escolha restritiva revelou-se como um convite para integrar a minha identidade múltipla e complexa – de mãe, mulher, psicóloga, professora e espiritualista. Ser mãe não anulava minha espiritualidade, e ser espiritual não excluía minha humanidade. Aprendi a honrar minha família de origem, reconhecer e valorizar profundamente a família que criei, e senti que, acima de tudo, eu pertencia a uma família maior: humana, universal e cósmica. Cada experiência e cada escolha acrescentavam uma nova camada à minha vida, tornando-me mais inteira, autêntica e integrada.

Também percebi que, em muitas comunidades espirituais, há a tendência de lidar superficialmente com nossas sombras. Entendo que a função primordial dessas comunidades não seja terapêutica, mas vi na prática como a falta de abertura para processos desse tipo pode limitar o desenvolvimento espiritual. Mesmo que dentro das instituições exista uma escuta bem-intencionada, ela frequentemente é filtrada pelos valores da própria tradição e, por isso, se mostra incapaz de contemplar a complexidade da experiência humana. Tive uma clareza: qualquer buscador espiritual pode enriquecer seu caminho se decidir integrar a terapia ao seu desenvolvimento pessoal.

No processo terapêutico ficaram claras as minhas necessidades não satisfeitas na infância e como eu as projetava no mundo externo, criando falsas necessidades. A relação de casal me mostrou de maneira escancarada como eu depositava em meu companheiro a exigência de que ele fosse a fonte provedora de tais necessidades. Na nossa relação, enxerguei a compulsão que eu tinha por recriar o ciclo da minha criança ferida.

Desde a infância, carregamos uma expectativa secreta: sermos plenamente amados. Essa é a primeira etapa do ciclo, o desejo impossível de ser 100% feliz através do amor e da segurança. Entendemos logo cedo que isso não acontece sem esforço. Na tentativa de alcançar esse amor absoluto, desenvolvemos uma estratégia de sobrevivência que pode ser chamada de autoimagem idealizada, uma versão sobre-humana de nós mesmos que acreditamos que devemos assumir para sermos amados. Mas essa imagem cobra um preço alto. Seguimos no ciclo: nunca nos sentimos suficientes, porque estamos sempre tentando alcançar um ideal inatingível, vivendo à espera do amor absoluto.

Esse desejo se manifesta em comportamentos específicos: buscamos ser perfeitos, fortes, agradáveis, indispensáveis, independentes. Porém, por mais que tentemos, falhamos. A pressão da autoexigência é grande demais. Em algum momento, tropeçamos, erramos, nos mostramos humanos. Quando isso acontece, nos sentimos profundamente inadequados e pensamos: *Não sou bom o bastante, Nunca conseguirei, Sou um fracasso.*

Essa sensação de fracasso gera vergonha. E o que fazemos diante da vergonha? Colocamos uma máscara. Passamos a desempenhar um papel. Agimos como se tudo estivesse bem, como se fôssemos impenetráveis. Mas, por dentro, sentimos o peso de uma insatisfação que não conseguimos nomear.

Você já se sentiu como se fosse uma farsa? Você já sentiu que, por mais que conquiste coisas, sempre falta algo? Como se houvesse um vazio que nada pode preencher?

O RETORNO INCONSCIENTE À DOR

Diante dessa insatisfação, algo dentro de nós volta a clamar por amor. Voltamos para o início do ciclo, o desejo impossível. Queremos ser reconhecidos, admirados, acolhidos. Projetamos essa necessidade em nossos relacionamentos. Queremos que o outro preencha o que faltou lá atrás. Esperamos que nos deem aquilo que não recebemos. E aqui está a grande armadilha: invariavelmente, escolhemos pessoas e situações que nos fazem reviver a mesma dor original. E então... Bingo! Tiramos a casca da ferida e nos prendemos nesse ciclo.

Se nos sentimos rejeitados na infância, acabamos nos apaixonando por pessoas que não nos priorizam. Se nos sentimos humilhados, buscamos relações em que nos sentimos diminuídos. Se nos sentimos desamparados, escolhemos situações em que temos de nos virar sozinhos. Isso acontece porque, no fundo, ainda acreditamos que se conseguirmos resolver a dor no presente, vamos finalmente corrigir o trauma que nos feriu no passado. Mas a verdade é: enquanto não olharmos para a ferida original, seguiremos recriando esse ciclo infinitamente.

Você já percebeu como certos padrões se repetem em sua vida? Que tipo de relação ou situação tem feito você reviver a mesma dor?

Enfrentar e reconhecer esse ciclo em minha vida trouxe uma libertação imensa e revelou uma verdade profunda: a saída não está em tentar mudar o mundo externo, mas em olhar corajosamente para dentro. Precisamos cultivar um ego adulto saudável, capaz de se responsabilizar, ultrapassar as máscaras ou defesas, e acolher com amor a criança ferida que vive em nosso interior. É esse ego saudável que nos dá força e coragem para retornar às origens das nossas feridas e, finalmente, curá-las.

Ao me permitir entrar em contato com essa dor, sem resistência, negação ou culpa, testemunhei que a energia que antes alimentava padrões destrutivos começou a se libertar, a casca rígida começou a rachar, e a pérola interna finalmente pôde brilhar. Percebi, então, que as forças que desenvolvemos para sobreviver às adversidades são justamente os nossos maiores dons.

A criança que aprendeu a enfrentar tudo sozinha pode inspirar muitos outros com sua resiliência. A criança que se sentiu rejeitada pode se tornar alguém capaz de ensinar o valor do acolhimento e da inclusão. A criança que experimentou humilhações pode ser fonte de coragem para aqueles que precisam se reerguer.

Pense agora em qual força oculta sua ferida pode ter lhe oferecido. Qual pérola pode estar guardada, esperando para ser revelada, sob as camadas de proteção que você criou? Este é o convite que faço agora: que possamos caminhar juntos nessa jornada profunda de autodescoberta e integração. Que possamos olhar para as conchas da vida, reconhecer as cascas que construímos e nos libertar delas. Que revisitemos nossas feridas não como vítimas, mas como mestres sábios e compassivos, que sabem que sua verdadeira luz sempre esteve ali, esperando pacientemente pela oportunidade de brilhar.

3. ENTRE O CRESCIMENTO PSICOLÓGICO E O DESPERTAR ESPIRITUAL

O despertar precisa de raízes.
E o amadurecimento precisa
de propósito.

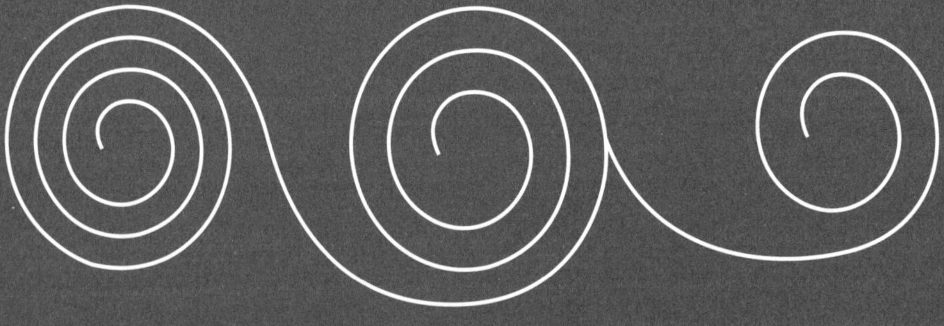

EU CRIANÇA · EGO IMATURO

EU ADULTO · EGO MADURO

EU OBSERVADOR · EGO ALINHADO AO EU SUPERIOR

A verdadeira transcendência não ocorre quando negamos nossa identidade, mas quando a integramos ao nosso mundo. Já vimos que mesmo pessoas profundamente comprometidas com o caminho espiritual podem, em certos momentos, evitar o encontro com suas dores mais profundas. O crescimento espiritual não significa fugir da nossa história, mas acolhê-la. A unificação do nosso ser acontece quando conseguimos reunir céu e terra dentro de nós.

A psicologia ocidental por muito tempo negligenciou o plano espiritual – e pagou um preço alto por isso: o excesso de foco no eu individual acabou alimentando o narcisismo contemporâneo, a síndrome da autoimportância e a fragmentação das relações. A busca por autoestima elevada e a autorrealização desvinculada de um sentido maior gerou uma cultura de desempenho, comparação e hiperindividualização, na qual tudo gira em torno do próprio eu. Por outro lado, muitos caminhos espirituais, especialmente os contemplativos, deixaram de considerar a complexidade da psique humana, com suas defesas, seus traumas e seus padrões inconscientes.

Essa divisão gerou uma lacuna importante: enquanto a dinâmica psicológica não for reconhecida, continuará afetando o caminho espiritual de maneira disfarçada, distorcendo a expressão e limitando a profundidade dela. "O despertar precisa da psicologia tanto quanto a psicologia precisa do despertar", dizia o psicólogo budista John Welwood.[2] O despertar precisa de raízes. E o amadurecimento precisa de propósito. Um não floresce sem o outro.

Uma abordagem abrangente deve incluir a integração entre o pessoal (a individualidade), o interpessoal (a relação com os outros) e o transpessoal (a relação com algo maior). Tenho chamado essa síntese de *metodologia psicoespiritual*, na qual essas dimensões – espiritual, psicológica e relacional –

---

[2] WELWOOD, J. **Em busca de uma psicologia do despertar**. Rio de Janeiro: Rocco, 2003.

se entrelaçam e se influenciam. As práticas espirituais, por exemplo, cultivam o silêncio, a presença e a compaixão, transformando o modo como nos relacionamos conosco e com os outros. O trabalho psicológico aprofunda nossa consciência emocional, fortalece o Eu Adulto e nos permite viver uma espiritualidade mais verdadeira, encarnada e coerente. Já os vínculos, quando construídos com autenticidade, ampliam nossa capacidade de amar – tanto no plano humano quanto no espiritual.

Mas o que impede essa unificação? O que leva tantas pessoas a oscilarem entre negar o ego e exaltá-lo, sem encontrar um caminho íntegro? A resposta está na imaturidade do ego.

O ego é um dos conceitos mais mal compreendidos no caminho espiritual. Em algumas tradições, ele é tratado como inimigo, algo a ser superado. Em outras, é supervalorizado, alimentando a ilusão de autossuficiência. Mas o problema não é o ego em si, é a imaturidade dele.

Sem um ego amadurecido, a jornada espiritual se torna fragmentada, superficial e até perigosa. O ego não é um vilão, mas uma estrutura essencial que organiza nossa psique, permite fazer escolhas conscientes, agir no mundo. Ele é o mediador entre nossas partes internas e a realidade externa. Quando fortalecido e em equilíbrio, torna-se ponte para o Eu Superior, facilitando uma vivência mais coerente e alinhada com a alma.

O ego imaturo, por outro lado, oscila entre dois extremos: pode ser rígido, arrogante e controlador; ou frágil, dependente e incapaz de sustentar escolhas. Em ambos os casos, reflete feridas que impedem o desenvolvimento de um ser saudável e autônomo. Amadurecer o ego, portanto, é a base para que a espiritualidade possa florescer de maneira genuína.

Se o ego imaturo é um obstáculo para o crescimento, um ego amadurecido é o alicerce para tal. O psiquiatra e psicoterapeuta suíço Carl Jung descreveu o ego como uma pequena ilha flutuando no oceano do *self* – ele é necessário para que possamos navegar nas águas do inconsciente sem nos perder.[3] A sensitiva austríaca Eva Pierrakos, em seu método psicológico e espiritual Pathwork, reforça que o ego não deve ser eliminado, mas

---

[3] JUNG, C. G. **Os arquétipos e o inconsciente coletivo**. Rio de Janeiro: Vozes, 2000.

transformado em um servo do Eu Superior.[4] Já o norte-americano Ken Wil ber, criador da psicologia integral, destaca que o ego deve ser "transcendido e incluído", ou seja, integrado ao processo de evolução da consciência.[5]

O amadurecimento do ego nos dá a capacidade de mediar emoções, integrar nossas partes internas e sustentar experiências espirituais sem que elas se tornem uma fuga da realidade. Um ego maduro é capaz de diferenciar entre passado e presente, reconhecendo que as dores da infância não precisam mais reger a vida adulta; assumir a responsabilidade pela própria história, rompendo com o ciclo de culpas e projeções; se conectar ao lado espiritual sem se desconectar da realidade concreta; acolher as vulnerabilidades sem confundi-las com fraquezas; construir vínculos autênticos, equilibrando autonomia e intimidade.

Esse ego amadurecido não busca se engrandecer nem se anular, ele se coloca a serviço da pessoa. Não se fixa a uma identidade rígida, tampouco se dissolve em passividade. Ele sustenta o equilíbrio entre matéria e espírito, entre ação e entrega, entre firmeza e flexibilidade. Quando fortalecemos o ego, algo essencial acontece: a energia, que antes era usada para sustentar defesas, passa a alimentar o amor, a criação e o serviço. Deixamos de operar em modo de sobrevivência e começamos a viver com presença e sentido.

Um ego amadurecido nos permite experimentar o verdadeiro transbordamento espiritual - aquele que não nasce da necessidade de reconhecimento, mas da plenitude interna. É a partir dessa segurança que podemos oferecer autenticidade ao mundo. O verdadeiro serviço não nasce da carência nem da tentativa de se provar. Ele surge do silêncio perante um ego que não precisa se defender e, portanto, reconhece sua função: tornar-se canal para algo maior.

O PROCESSO DE AMADURECIMENTO DO EGO

O ego deveria se desenvolver ao longo da vida, tornando-se um mediador equilibrado entre nossa individualidade e nossa conexão com o todo.

---

[4] PIERRAKOS, E. **O caminho da autotransformação**. São Paulo: Cultrix, 2009.

[5] WILBER, K. **Psicologia integral**. São Paulo: Cultrix, 2002.

No entanto, muitos não completam esse amadurecimento e seguem fixados em padrões que os mantêm fragmentados, reativos e desconectados de sua verdadeira força. Mas por que isso acontece?

As causas da imaturidade do ego são múltiplas, mas todas convergem para a repetição inconsciente de ciclos internos não resolvidos. Um dos principais é o círculo da criança ferida, um padrão que nos faz girar em torno das mesmas dores emocionais, perpetuando crenças e comportamentos que impedem o crescimento. Enquanto seguimos presos nesse ciclo, o ego não consegue amadurecer e continua operando a partir de respostas automáticas, sem discernimento e autonomia.

Para migrar desse círculo vicioso para um círculo virtuoso, é necessário desenvolver dois aspectos essenciais da psique: o Eu Observador (a capacidade de autopercepção e distanciamento das reações emocionais) e o Eu Adulto (a habilidade de agir com discernimento e responsabilidade). Do ponto de vista da neurociência, o Eu Observador está ligado ao córtex pré-frontal, área do cérebro responsável pela regulação emocional, pela tomada de decisões conscientes e pelo pensamento reflexivo.[6] O Eu Observador é um aspecto do Eu Superior, que nos conecta ao centro cardíaco e eleva a dimensão amorosa do ser. Já o Eu Adulto é aquele que consegue mediar nossos impulsos e agir com clareza. Está relacionado ao neocórtex, responsável pelo pensamento lógico e racional.

Se esse sistema está ativo e bem desenvolvido, conseguimos observar nossas reações emocionais e escolher como queremos responder a cada situação. No entanto, quando vivemos no modo sobrevivência, o sistema límbico assume o controle e sequestra a nossa capacidade de discernimento. Nessa situação, ocorre o que a neurociência chama de *hijack* emocional, ou seja, o córtex pré-frontal se "desliga" temporariamente, e o sistema límbico (a parte do cérebro responsável pelas emoções primárias) assume o comando. É por isso que quando estamos tomados por uma forte emoção, como raiva, medo ou tristeza profunda, não conseguimos pensar com clareza (veja esquema 1 - capítulo 5).

---

[6] PEARCE, J. C. **O fim da religião e o renascimento da espiritualidade**: resgatando todo o potencial do sentimento humano. São Paulo: Cultlrix, 2010.

O médico e psiquiatra canadense Eric Berne, criador da Análise Transacional, descreve esse fenômeno de maneira semelhante: quando emoções infantis dominam a nossa percepção, o estado de ego adulto fica contaminado pelo estado de ego criança, e reagimos à vida como se ainda fôssemos a criança ferida do passado, sem consciência do que está acontecendo no presente.[7]

Sem um Eu Observador ativo para perceber esse mecanismo e sem um Eu Adulto forte o suficiente para mediar as reações emocionais, ficamos presos em ciclos de repetição. Seguimos reagindo como sempre fizemos – lutando, fugindo ou nos submetendo –, sem compreender que essa dinâmica está diretamente ligada a experiências passadas.

Desde pequenos, aprendemos a funcionar no modo sobrevivência, criando respostas automáticas para lidar com a vida. Sempre que algo ativa uma dor emocional antiga, reagimos sem perceber o que de fato está acontecendo em nosso interior. Se fomos rejeitados na infância, por exemplo, podemos reagir com raiva ou retração sempre que sentirmos uma ameaça de rejeição na vida adulta – sem nem mesmo reconhecer que estamos revivendo um medo antigo.

Essas reações automáticas formam uma "casca rígida", impedindo que o ego amadureça. E se permanecemos envoltos por essa camada de proteção, continuaremos repetindo os mesmos comportamentos, sem evoluir. Enquanto o Eu Observador e o Eu Adulto não forem fortalecidos, o ego continuará oscilando entre a submissão do ego subdesenvolvido, que busca a aceitação a qualquer custo, e a rigidez do ego superdesenvolvido, que precisa estar sempre no controle.

Se queremos amadurecer, precisamos cultivar essa capacidade de auto-observação e regulação emocional, permitindo que o ego deixe de operar no modo sobrevivência e passe a atuar como um mediador consciente entre emoções, pensamentos e ações. Só assim podemos sair do piloto automático e dar um passo real em direção à integração do ser.

Outro fator que impede o amadurecimento do ego é sua incapacidade de lidar com a complexidade e as nuances da vida. O ego imaturo funciona a partir da dualidade, no extremo do "tudo ou nada", incapaz de aceitar que diferentes coisas podem coexistir em equilíbrio. Isso se manifesta

---

[7] BERNE, E. **Análise Transacional em Psicoterapia**. São Paulo: Summus, 1985.

especialmente na hora de reagir às frustrações. Para o ego imaturo, ou tudo acontece do jeito que ele quer ou nada faz sentido. Ou se é amado 100%, ou se é rejeitado por completo. Ou se é perfeito, ou se é um total fracasso. Tal visão nos impede de lidar com os desafios de maneira equilibrada, nos deixando vulneráveis a emoções extremas de euforia ou desespero. Sempre que o ego se fixa nessa lógica binária (ou/ou) permanece estagnado, incapaz de caminhar rumo a uma percepção mais ampla e integrada da realidade.

Outro grande bloqueio para o amadurecimento do ego é a criação de uma identidade falsa: a autoimagem idealizada. Esse mecanismo nasce da necessidade de evitar a dor original da infância, criando uma versão sobre-humana de si mesmo para se sentir protegido da rejeição, do fracasso e da imperfeição.

A autoimagem idealizada pode se manifestar de várias formas: na figura do perfeccionista incansável, do salvador, do resolvedor de problemas, do forte que nunca demonstra fraqueza, do espiritualizado que acredita estar acima das dores humanas. Essa imagem distorcida impede o crescimento real, porque nos faz fugir da verdade.

O problema é que essa identidade não é sustentável. Por ser baseada em um ideal inalcançável, gera tensão interna constantemente. Qualquer falha, erro ou crítica é vivido como uma ameaça, pois coloca em risco a máscara de perfeição construída com tanto esforço. O ego imaturo se agarra a essa autoimagem idealizada, resistindo ao autoconhecimento por medo de descobrir que não é – e nunca foi – aquilo que acreditava ser. Assim, passamos a viver em desconexão com a realidade. Os sintomas são claros: exaustão emocional, sensação de inadequação e, muitas vezes, um profundo vazio existencial. Afinal, sustentar uma identidade que não corresponde à nossa verdade é como carregar uma armadura pesada. Enquanto estivermos presos à necessidade de parecer o que não somos, não haverá espaço para amadurecer de verdade.

O ego imaturo faz de tudo para evitar confronto com as dores do passado e com a verdade. Ele preenche a vida com distrações, com falsas necessidades emocionais e materiais, com a busca desenfreada por desempenho, sucesso ou reconhecimento. Até mesmo a espiritualidade pode ser usada como fuga, tentando "transcender" uma dor que, na verdade, precisa ser vista e sentida para que possa enfim ser curada. Enquanto essa dor permanecer oculta, o ego continuará funcionando a partir de um lugar de defesa, e não de maturidade.

Por fim, a grande causa da imaturidade do ego é que ele não sabe seu lugar dentro do todo. Sem contato com uma dimensão maior de consciência – o Eu Superior –, o ego imaturo acredita que precisa controlar tudo sozinho. E isso acontece porque ele opera a partir do medo. Ele não confia, não se entrega, não reconhece que existe uma inteligência maior guiando a vida. Carrega o peso do mundo nos ombros, como se tudo dependesse unicamente dele. A simples ideia de soltar as rédeas traz as mesmas sensações de uma ameaça de morte. A pergunta silenciosa e angustiante é: *Quem serei se eu não for essa identidade que sustento com tanto esforço?* A sensação de "não eu" é, para o ego imaturo, assustadora demais para ser suportada.

Essa desconexão nos mantém isolados dentro da mente, presos em ciclos de pensamentos compulsivos, ansiedade e preocupação. O ego precisa de uma referência maior do que ele mesmo para encontrar direção e equilíbrio. Quando essa conexão com o Eu Superior não está presente, ele oscila entre arrogância e desespero: ou tenta controlar tudo e todos, ou se perde em uma busca exaustiva por validação externa – o que, inevitavelmente, leva à frustração, à desesperança e, muitas vezes, à desistência. Afinal, a vida parece ser mais do que pode suportar – e de fato é. O ego imaturo ainda é uma criança vestindo roupas de adulto: tem aparência de forte, mas internamente está inseguro, sobrecarregado e sem orientação. Tenta dar conta de tudo sozinho, mas, sem recursos internos suficientes, acaba colapsando sob o peso das próprias exigências. Enquanto não for reconhecido, acolhido e amadurecido, continuará agindo a partir do medo, da defesa e da ilusão.

Sem a orientação do Eu Superior, o ego continua rodando em círculos, preso ao mesmo padrão de defesa e medo. A boa notícia é que esse ciclo pode ser rompido. O amadurecimento do ego é possível, mas exige que a pessoa sele um compromisso profundo com o autoconhecimento e a transformação.

Pronto para dar esse passo? No próximo capítulo, exploraremos o caminho da solução, veremos como fortalecer o ego sem nos identificar com ele, como integrar nossas feridas e encontrar um ponto de equilíbrio entre o crescimento da personalidade e o despertar da consciência. Este é um avanço fundamental para a unificação do ser e a construção de uma vida plena, consciente e alinhada com nossa verdadeira essência.

4. CRESCER PARA DESPERTAR

Ao consolidarmos o ego,
podemos finalmente deixá-lo ir.

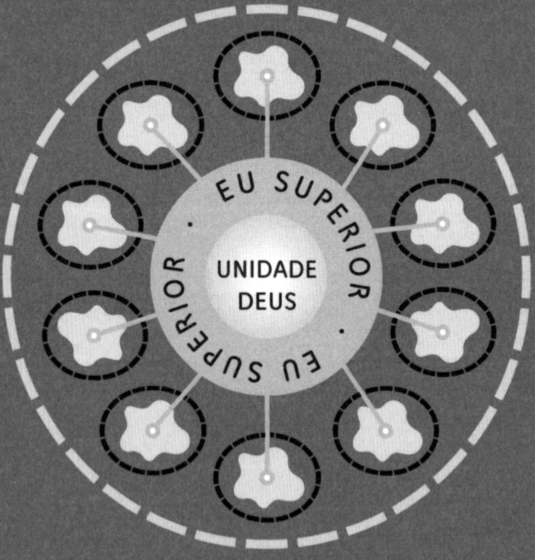

Talvez você se encontre na busca por um despertar espiritual verdadeiro, porém perceba que algo ainda bloqueia seu caminho. Ou já mergulhou em processos terapêuticos profundos, mas sente falta de uma conexão com algo maior, mais amplo e sagrado. Essa desconexão interna é muito comum e pode ser transformada.

O caminho que proponho nasce da reconciliação entre o mundo da busca espiritual e o dos processos terapêuticos. Para isso, é preciso amadurecer o ego a fim de que ele possa se tornar ponte, e não barreira. Quando isso acontece, é possível acessar um amor mais verdadeiro, não aquele que vem da perfeição ou da alta performance, mas da integração de todas as partes do ser. Um amor maduro, profundo e espiritual.

Essa jornada é feita de etapas. Cada uma delas representa uma travessia em direção ao centro do seu ser: da superfície da personalidade - onde vivem as reações emocionais automáticas - até o núcleo do Eu Superior, local em que a sua essência mais verdadeira habita. Trata-se de uma possibilidade para um caminhar com mais consciência, enraizamento (*grounding*)[8] e verdade.

O convite aqui é para crescer e despertar. Moldar, com paciência e verdade, o cálice do graal interior, o recipiente da psique que se fortalece para acolher a luz do espírito. Acolher a sua história para que ela se transforme em sabedoria. Honrar as dores sem se perder nelas. E, assim, tornar-se um canal mais puro, inteiro e amoroso daquilo que você verdadeiramente é.

---

[8] *Grounding*, em inglês, é um termo da Bioenergética desenvolvido pelo psicoterapeuta norte-americano Alexander Lowen e significa "enraizamento". Refere-se à capacidade de sentir-se conectado com o próprio corpo e com o chão, sustentando-se com segurança na realidade presente. É o fundamento para acessar a vitalidade, a autorregulação emocional e uma sensação de pertencimento no mundo.

Como nos lembra o filósofo e teólogo francês Jean-Yves Leloup em seu livro *Enraizamento e abertura*,[9] quanto mais nossos pés estão no chão, mais somos capazes de sustentar a luz que vem do Espírito. Essa luz não se ancora em estruturas frágeis. É preciso maturidade, presença e profundidade para que ela habite em nós e se manifeste na vida cotidiana. Quanto mais nos enraizamos, mais podemos nos abrir. Quanto mais acolhemos quem somos, mais espaço criamos para que o Divino se expresse com leveza e verdade.

Ao longo desse processo, algo essencial começa a acontecer: o ego amadurece. E, com isso, você passa a enxergar a vida com mais nitidez – não como gostaria que fosse, mas como ela realmente é. As idealizações cedem espaço para escolhas mais concretas, e as interações se tornam mais reais e presentes. Os julgamentos se suavizam, as fugas perdem poder, e uma nova força nasce: a de sustentar a realidade com inteireza e presença.

Esse amadurecimento permite enxergar por meio dos três níveis de realidade que apresentei anteriormente. No primeiro, vivemos identificados com o Falso Eu, reagindo a partir de antigas dores e concepções nubladas da realidade. À medida que o ego se fortalece e o Eu Adulto emerge, acessamos o segundo nível, no qual a realidade é vista com mais lucidez e objetividade, e começamos a responder a ela com mais verdade. Com um ego mais estruturado, enfim abrimos os olhos para o terceiro nível: o do campo do potencial criativo, no qual o Eu Superior pode se manifestar e, assim, a vida se torna uma dança entre entrega e confiança.

Este é o coração do processo: amadurecer o ego até que ele possa dar passagem ao que há de mais luminoso em você. Não se trata de eliminar nada, mas de incluir tudo – e então soltar. É como esvaziar-se de si mesmo depois de ter construído estrutura suficiente para não precisar mais se autoafirmar. Um belo paradoxo: ao consolidarmos o ego, podemos finalmente deixá-lo ir.

---

[9] LELOUP, J. **Enraizamento e abertura:** conferências da Sainte Baume. Petrópolis: Vozes, 2021.

Trata-se de educar, integrar e colocar o ego a serviço da alma. Quando isso acontece, o amor que transborda vem da completude, não da carência. A ação nasce da inspiração, não da obrigação. E a espiritualidade deixa de ser fuga para tornar-se a expressão viva da sua totalidade.

Talvez você reconheça que algumas dessas etapas já estão em movimento dentro de si, ainda que de maneira intuitiva. O que este caminho que vou apresentar oferece é clareza, estrutura e acolhimento. Um mapa que parte não da ideia de que você precisa ser consertado, mas da certeza de que algo precioso está apenas esperando para ser lembrado, integrado e vivido.

ETAPA 1: DESARMAR AS RESPOSTAS AUTOMÁTICAS

O processo que proponho aqui começa pelo reconhecimento e desarme das reações emocionais automáticas, que representam a camada mais superficial da personalidade. Essas reações são respostas reflexas e involuntárias, moldadas na infância como estratégias de autoproteção. No entanto, na vida adulta, elas podem nos prender em ciclos repetitivos que nos afastam de nossas necessidades reais e limitam nossa capacidade de fazer escolhas conscientes. A neurociência nos ajuda a entender como essas respostas são processadas no cérebro e no sistema nervoso, mostrando que é possível regulá-las e criar padrões emocionais mais saudáveis. Reconhecer esse funcionamento é um primeiro passo para o amadurecimento emocional, pois nos permite sair da posição de vítimas e assumir a responsabilidade por como reagimos às experiências.

Essas reações se manifestam em três dimensões principais: corpo, mente e emoções. No corpo, aparecem como tensões musculares, palpitações, respiração entrecortada ou sensação de "desligamento". Na mente, surgem como pensamentos obsessivos, autocríticos ou dificuldade de concentração. Já no campo das emoções, podem se expressar como explosões de raiva, sensação de tristeza intensa ou medo paralisante. A Teoria Polivagal, do psicólogo norte-americano Stephen Porges, explica como nosso sistema nervoso reage a esses estímulos, ativando estados de alerta que podem ser desarmados com práticas de regulação emocional.[10] Ao nos tornarmos conscientes dessas reações, deixamos de enxergá-las como situações que simplesmente "acontecem conosco" e passamos a assumir um papel ativo no processo.

Para isso, a prática do Eu Observador torna-se essencial. Ele é um poderoso recurso interno, uma expressão do Eu Superior que nos permite acolher e observar nossas reações com curiosidade e compaixão, sem julgamentos. Na neurociência, o Eu Observador pode ser associado ao córtex pré-frontal, a parte do cérebro responsável pelo discernimento, pelo controle emocional e pela tomada de decisões conscientes. Essa região é como o "mediador interno", capaz de pausar as respostas automáticas geradas pelo sistema límbico e de permitir que assumamos uma posição ativa de escolha.

O córtex pré-frontal pode ser fortalecido com práticas de respiração, manejo compassivo de si mesmo e auto-observação a partir de um registro diário. Essas ferramentas ajudam a moldar respostas conscientes e a criar conexões neurais, substituindo padrões automáticos que perpetuam o sofrimento. O objetivo não é eliminar as reações automáticas, mas integrá-las ao amadurecimento emocional, assumindo a responsabilidade por nossas reações. Ao compreendermos como o cérebro responde aos gatilhos emocionais, nos tornamos mais donos da nossa transformação, criando uma base sólida para acessar camadas mais profundas sem sermos dominados por elas.

ETAPA 2: RECONHECER O EU INFERIOR

Após desarmar as reações automáticas, o próximo passo é mergulhar nas camadas mais subjacentes da sua estrutura emocional. Nesta etapa, você começa a identificar os padrões que se repetem, as defesas

---

[10] PORGES, S. W. **Teoria polivagal**: fundamentos neurofisiológicos das emoções, apego, comunicação e auto-regulação. Rio de Janeiro: Senses, 2012.

inconscientes criadas na infância que ainda hoje moldam sua forma de reagir e se relacionar.

Chamamos esse conjunto de vozes internas de Eu Inferior. Ele inclui o Eu Crítico, que julga com dureza; a autoimagem idealizada, que exige perfeição; e aspectos como o orgulho, o medo ou a rigidez, que chamamos de defeitos de personalidade. Embora tenham surgido como formas de proteção, hoje esses padrões reforçam o sofrimento e alimentam a desconexão com a sua verdade.

O mais importante aqui não é lutar contra essas partes, mas reconhecê-las com honestidade e acolhimento. Quando você para de fugir da dor, cria espaço para integrá-la com maturidade, para interromper ciclos de exigência e autossabotagem. O Eu Observador continua sendo seu aliado silencioso, pois é ele que permite enxergar esses padrões com presença e sem julgamento. Esse olhar atento já é, por si só, uma forma de cura.

ETAPA 3: DESCOBRIR AS NECESSIDADES EMOCIONAIS NÃO ATENDIDAS

Aqui, você é convidado a olhar para o centro da dor que sustenta seus padrões emocionais: as necessidades essenciais que não foram plenamente atendidas na infância. Todos precisamos, desde o início da vida, nos sentir seguros, conectados, amparados, protegidos, respeitados e amados. Quando isso é oferecido com consistência, criamos vínculos seguros. Quando falta, porém, fica um vazio que ecoa na vida adulta.

Na infância, ainda em estado de adaptação com o ambiente, não conseguimos compreender que as falhas estão nas limitações dos cuidadores e, de modo mais amplo, nas imperfeições da vida. Em vez disso, concluímos que o problema está em nós, pois aparentemente somos inadequados, insuficientes ou até mesmo maus. Essa percepção distorcida, embora natural para a criança, passa a moldar a identidade, influenciar vínculos e alimentar estratégias de compensação que perpetuam o sofrimento.

Reconhecer essas carências é importante para romper com os ciclos de repetição inconsciente e nos libertar da dependência emocional. A pergunta

"O que me faltou?" nos leva de volta à criança interior, que muitas vezes tenta preencher essas lacunas por meio de exigências, dependência emocional ou autossabotagem. Essa etapa não tem a ver com culpar, mas com assumir o cuidado. É aprender a se tornar o adulto do qual você precisava quando criança. Quando acolhemos essas necessidades com consciência, deixamos de projetá-las nos outros e passamos a atendê-las com presença, responsabilidade e amor.

ETAPA 4: ILUMINAR O CICLO DA CRIANÇA FERIDA

Mesmo na vida adulta, a criança interior ainda guarda uma esperança secreta que se manifesta no pensamento de que, se ela se esforçar o suficiente, um dia será amada da maneira que necessita. Esse desejo inconsciente se infiltra em relacionamentos e escolhas, fazendo com que busquemos, repetidamente, corrigir no presente o que nos faltou no passado. Tentamos ser perfeitos, indispensáveis, fortes, agradáveis – tudo para conquistar o amor que outrora não recebemos. Para sustentar essa busca, criamos uma autoimagem idealizada, que, como mencionado, é uma versão sobre-humana de nós mesmos, moldada por exigências, negação da vulnerabilidade e medo da rejeição. Essa construção, por mais sofisticada que pareça, é frágil e insustentável. Basta uma falha, uma crítica, uma rejeição, para sermos tomados por vergonha, sensação de fracasso, inadequação e profunda insuficiência.

Para evitar a dor da falha, repetimos o ciclo: procuramos nos provar dignos de amor, exigimos ainda mais de nós mesmos, projetamos nossas carências no outro, criamos expectativas irreais e revivemos a mesma ferida com novos personagens. Quem se sentiu rejeitado é atraído por quem não o prioriza; quem se sentiu desamparado escolhe situações em que precisa se virar sozinho. Iluminar esse ciclo é essencial para ressignificá-lo. Portanto, esta etapa convida você a reconhecer as tentativas de repetir o passado e, com maturidade, interromper o padrão, a fim de parar de recriar a dor.

ETAPA 5: INTEGRAR AS PARTES INTERNAS COM DIÁLOGO, PRESENÇA E INCLUSÃO

Agora, o ego já mais amadurecido passa a atuar como um mediador interno, promovendo escuta, curiosidade e acolhimento entre as diferentes partes do ser. Em vez de nos identificarmos apenas com uma delas, aprendemos a reconhecer cada voz interna com mais presença e compaixão, criando um espaço de consciência em que as polaridades se encontram e se transformam.

Nosso mundo interno pode ser compreendido em três níveis. Primeiro, o da criança ferida, em que vivem as ilusões, os instintos de sobrevivência, as expectativas e as dores não integradas. É onde insistimos em tentar consertar o passado. O segundo, o nível do adulto, é aquele em que acessamos a realidade como ela é. Reconhecemos a dor, mas não somos mais definidos por ela. Há maturidade, responsabilidade e capacidade de escolha. Por fim, no nível unitivo, vamos além da identidade. A vida deixa de ser apenas sobre nós e se torna serviço, expressão do Eu Superior. O ego se coloca a serviço de algo maior.

O objetivo desta etapa é sair do círculo vicioso da repetição e entrar em um círculo virtuoso de integração. Ao acolhermos e escutarmos nossas partes internas com amor e maturidade, deixamos de guerrear conosco e passamos a construir um novo enraizamento: mais íntimo, leve e verdadeiro. Cada parte integrada torna-se uma pérola. E, ao longo do caminho, vamos tecendo um colar precioso – um legado de consciência e cura que perdurará.

ETAPA 6: SERVIR COM AUTENTICIDADE – MENOS EGO, MAIS VERDADE

Na etapa final, o ego já não precisa mais se defender, se afirmar ou se esconder. Ele amadureceu o suficiente para deixar de ser o centro e, então, passa a servir ao Eu Superior. Não se trata mais de conquistar algo, mas de se oferecer à vida com toda a sua essência. O movimento é de transbordar. Nesse nível, a espiritualidade deixa de ser conceito e se torna expressão. A busca cessa. A necessidade de ser aceito dá lugar à coragem de ser verdadeiro. O propósito se revela como consequência natural da integração vivida.

Servir com autenticidade não é se anular, nem se sacrificar. É agir a partir de um lugar mais profundo e silencioso dentro de si, no qual as motivações estão alinhadas com a alma, não com as carências. Aqui, amar não exige esforço, doar-se não gera exaustão, e a presença se torna a maior dádiva que se pode oferecer.

Porém, não é o fim da jornada, e sim o início de um novo ciclo no qual o ego não precisa desaparecer, mas pode enfim ser atravessado. Um ciclo em que sua história é sagrada, suas dores foram acolhidas, e sua luz agora pode ser compartilhada.

Nesse ponto da jornada, talvez você já tenha percebido que o despertar espiritual não é uma fuga da vida, mas a coragem de vivê-la com presença, aceitação e verdade. O amadurecimento do ego não nos torna perfeitos, apenas mais humanos. E é justamente quando deixamos de buscar uma versão idealizada de nós mesmos que passamos a viver com autenticidade.

Quando o ego se coloca a serviço da alma, o dar e o receber se tornam um só movimento. A separação entre espiritualidade e cotidiano se dissolve. Trabalho, relações, escolhas... tudo passa a refletir a sua essência mais arraigada. O caminho está traçado. Então, é hora de arregaçar as mangas e seguir com o coração aberto, a fim de revelar quem você sempre foi: um canal pelo qual o amor maior flui com leveza e totalidade.

Vamos juntos nessa travessia?

QUANDO DEIXAMOS DE BUSCAR UMA VERSÃO IDEALIZADA DE NÓS MESMOS, PASSAMOS A VIVER COM AUTENTICIDADE.

ENTRE O EGO E O SAGRADO
@PSICRISTINAFLORENTINO

5. DESARMANDO AS RESPOSTAS AUTOMÁTICAS

O que precisa ser compreendido não é a situação em si, mas o que ela desperta em nós.

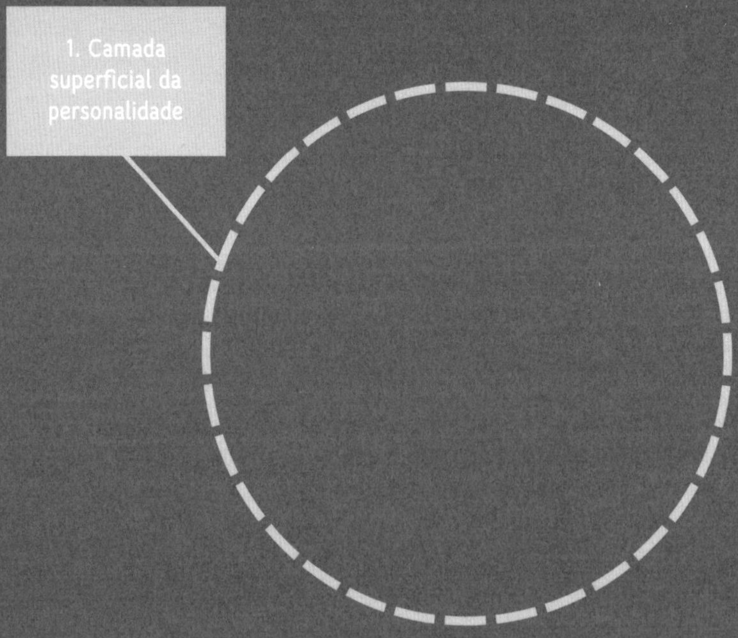

Imagine que, ao olhar para si mesmo, você enxergue não apenas sua imagem refletida, mas um universo inteiro de emoções, padrões e impulsos que se movem sem que você perceba. Na imagem a seguir, conseguimos visualizar uma representação desse universo.

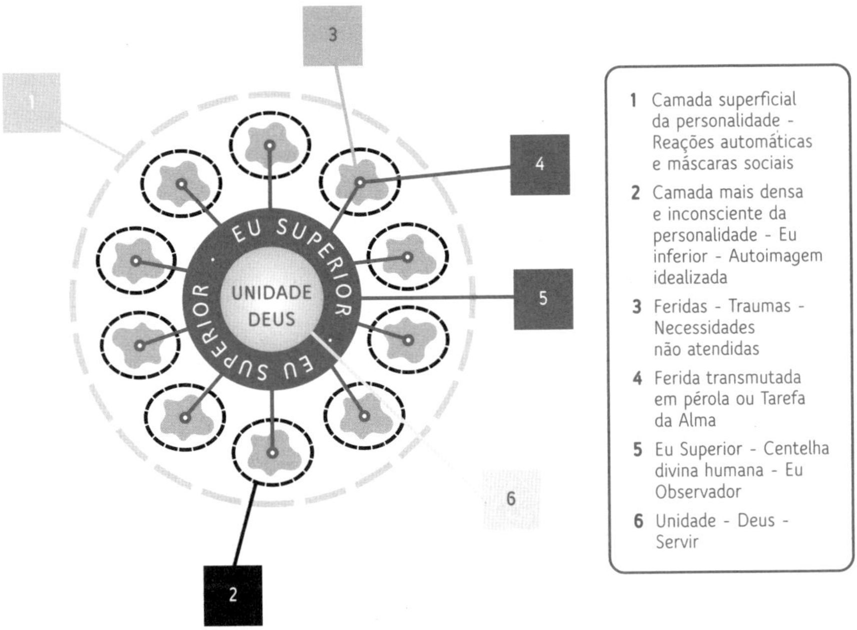

Esse mapa mostra o percurso interior que leva do Eu Superficial ao centro unitivo do Ser, passando por seis estágios que percorreremos neste livro e que foram inspirados nos estudos da neurociência, nos ensinamentos de Eva Pierrakos e na minha prática terapêutica. No primeiro estágio, encontramos a camada superficial do eu, onde predominam as reações automáticas, as defesas e os comportamentos condicionados – o que chamamos de "máscara" ou camada da personalidade adaptada. Ao aprofundar o olhar, adentramos a segunda camada, onde habita o eu inferior: essa dimensão inconsciente e imatura carrega orgulho, medo, teimosia e vozes de um eu crítico e cruel. Seguindo adiante, no terceiro estágio, tocamos o núcleo de dor, com suas feridas emocionais congeladas e seus traumas primordiais, fonte de reações de luta, fuga ou congelamento, na camada superficial. Contudo, é justamente ao entrar em contato com essa dor que surge um ponto de virada: no quarto estágio, acessamos a ferida transmutada em pérola – a qualidade essencial e singular que nasce dessa dor e nos conecta com a tarefa da alma. No quinto estágio, emergimos no Eu Superior, a dimensão mais sábia e amorosa do nosso ser, que traz discernimento, compaixão e orientação. Ao nos rendermos à sua presença, chegamos então ao sexto estágio, onde se revela a experiência da unidade com o divino – a fonte da vida, do amor e da verdade que reside em cada um de nós. A travessia por essas camadas não é linear nem fácil, mas constitui o caminho da libertação interior e da reconexão com Deus.

Muitas das reações que temos são respostas habituais, condicionadas por experiências passadas, e acontecem antes mesmo de que tenhamos tempo de escolher conscientemente como agir. Este capítulo é um convite para despertar dessa automatização, tornando-se um observador atento de si mesmo. Aqui, você aprenderá a desenvolver o Eu Observador e a assumir a responsabilidade por suas emoções, seus pensamentos e suas situações diárias, desvendando o que realmente se esconde por trás de cada reação, a fim de transformá-las em escolhas conscientes.

EMOÇÕES EM PROL DA SOBREVIVÊNCIA

Primeiro, vamos entender como lidar com essas reações emocionais, compreendendo que elas não são meros impulsos descontrolados, mas sinais do sistema nervoso tentando nos proteger. Cada emoção carrega uma história – respostas que em algum momento de nossa jornada foram adaptativas. Quando éramos crianças, não tínhamos controle sobre o ambiente ao nosso redor, e nosso ego em processo de aprendizagem desenvolveu estratégias de sobrevivência para nos defender de experiências que pareciam ameaçadoras. Tais reações – de luta, fuga ou paralisia – são tentativas do nosso organismo de garantir segurança. Agora, como adultos, temos a oportunidade de reavaliar esses padrões e aprender a responder com mais consciência, fora do piloto automático.

Convido você a observar e registrar tanto o que expressa para o mundo (suas reações externas) quanto o que acontece dentro de si. Muitas vezes, há uma incoerência entre o que sentimos no íntimo e o que mostramos para os outros, pois aprendemos a esconder ou reprimir emoções que pareciam inaceitáveis quando éramos pequenos. A criança que teve medo de expressar tristeza pode ter se tornado um adulto que usa o riso para mascarar a dor. A que precisou se calar para evitar conflitos pode ter se tornado uma pessoa que engole palavras, mesmo quando deseja falar. Comparar essas camadas – o que você sente e o que mostra – é essencial para entender como essas defesas ainda operam.

Para isso, no processo do AdulteSer, proponho uma abordagem integrativa, unindo neurociência, psicologia e dimensão espiritual. Enquanto a neurociência nos ensina que nossas reações automáticas não são falhas pessoais, mas sim respostas do sistema nervoso a experiências de ameaça, a abordagem psicoespiritual nos convida a acessar e integrar conteúdos inconscientes, oferecendo um olhar compassivo para partes internas que ainda operam no medo. Quando combinamos essas perspectivas, entendemos que desarmar padrões automáticos é criar espaço para respostas mais conscientes e alinhadas com nossa verdadeira essência.

Segundo a perspectiva da teoria do cérebro trino, formulada pelo neurocientista norte-americano Paul MacLean, nosso cérebro é formado por três camadas que refletem diferentes estágios da evolução.[11] O primeiro deles, o cérebro reptiliano (a estrutura mais antiga), é responsável pelos instintos básicos de sobrevivência, como luta, fuga e paralisia. Acima dele está o sistema límbico, ou o cérebro emocional, que regula sentimentos e motivações, armazenando memórias afetivas e determinando como interpretamos o mundo. Tal sistema tem um papel essencial nas relações humanas, pois somos seres intrinsecamente sociais, ou seja, a conexão com os outros é uma necessidade fundamental. É no sistema límbico que se desenvolve nossa capacidade de formar vínculos, sentir empatia, pertencimento e buscar segurança emocional. Por fim, temos o córtex pré-frontal, a parte mais nova e evoluída do cérebro, responsável pelo pensamento consciente, pelo planejamento, pela

---

[11] PEARCE, J. C. **O fim da evolução**: reivindicando a nossa inteligência em todo o seu potencial. São Paulo: Cultrix, 2002.

regulação emocional e pela tomada de decisões. Sob a perspectiva psicoespiritual, no centro desse mesmo cérebro dividido em três camadas está o Eu Observador, cujas funções equivalem às do córtex pré-frontal, que seria algo como nosso cérebro mais novo e com maior potencial de evolução. Como já vimos, ele é responsável pelo discernimento, pela autorregulação emocional e pela capacidade de refletir antes de agir. Quando está ativo, nos permite criar um espaço interno seguro, onde as reações automáticas podem ser acolhidas.

Voltando à perspectiva da teoria do cérebro trino, quando o segundo cérebro, o sistema límbico, especialmente a amígdala, assume o controle, ele age como um alarme, interpretando qualquer estímulo como ameaça, ainda que ela seja irreal. Essa ativação desencadeia uma resposta no hipotálamo, que orquestra estados de luta, fuga ou paralisia, ativando o cérebro reptiliano, que opera no modo de autopreservação. Sob a perspectiva psicoespiritual, isso equivale ao ego infantil dentro de nós, que reage impulsivamente, "engolindo" o ego adulto e "fechando a porta" para pensamentos claros e mediações conscientes, como ilustrado na figura que você verá a seguir.

O CÉREBRO TRINO

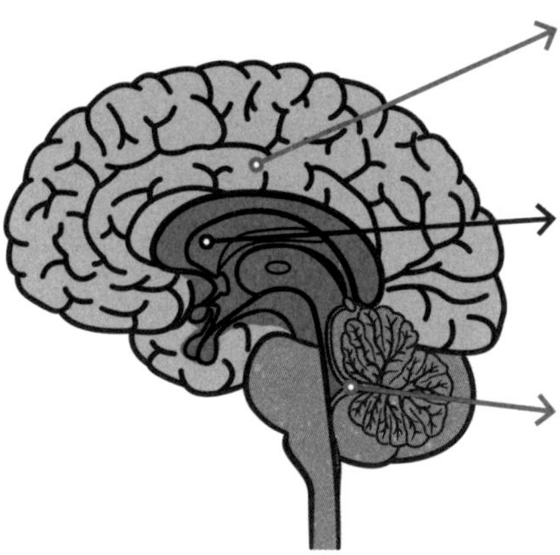

Como mamíferos, nosso sistema nervoso está programado para buscar conexão e pertencimento. Se, em algum momento da vida, nossas experiências afetivas geraram insegurança ou rejeição, nosso sistema límbico pode interpretar determinadas situações do presente como ameaças, mesmo que elas não apresentem perigo real. Isso nos leva a reagir emocionalmente de maneira intensa ou a evitar certas interações.

Quando fortalecemos o Eu Observador, conseguimos interromper esse ciclo, trazendo presença e discernimento para nossas reações. Isso não significa negar emoções, mas criar um espaço entre o estímulo e a resposta, permitindo escolhas conscientes, criativas e alinhadas com nossa essência.

O Eu Observador é uma expressão do Eu Superior, um aspecto da consciência que acolhe tudo o que emerge com objetividade e compaixão. Para se conectar com o Eu Superior, você pode utilizar práticas específicas que acalmam a mente e expandem a consciência. Entre essas práticas estão a meditação regular, que silencia a mente racional e permite que a intuição e a percepção profunda aflorem; a oração contemplativa, para quem se identifica com tradições religiosas, estabelecendo uma comunicação com o Divino; e o uso de mantras ou afirmações positivas, que elevam a vibração mental e criam um estado interno receptivo a percepções superiores. Ademais, alguns exercícios de respiração são bastante potentes para expandir a consciência.

Embora possamos fortalecer nossa capacidade de auto-observação através do desenvolvimento do córtex pré-frontal, o Eu Observador vai além da função cerebral/biológica. Ele permite o acesso a um espaço interno de presença e ampliação da consciência, conectando-nos com uma dimensão maior da existência, muitas vezes descrita como consciência cósmica ou divina. Através de práticas meditativas, preces, afirmações ou simplesmente permanecendo em estado contemplativo diante da natureza, podemos transcender as limitações do ego e experimentar uma conexão com esse espaço superior. Tais momentos trazem clareza, serenidade e uma profunda sensação de pertencimento, permitindo-nos agir na vida cotidiana com sabedoria, compaixão e equilíbrio.

No início, a auto-observação pode ser marcada por autocríticas e julgamentos, pois tendemos a interpretar emoções e pensamentos a partir de uma visão dualista, que tende a categorizar tudo entre "bom" e "mau". No entanto, o verdadeiro papel do Eu Observador é ir além dessas categorias, acolhendo cada sensação com curiosidade e abertura. Em vez de nos identificarmos com desânimo, julgamento ou raiva, por exemplo, aprendemos a simplesmente estar com eles, permitindo que revelem mensagens sem resistência.

Desenvolver o Eu Observador traz um benefício primordial: assumir a responsabilidade por sentimentos, ações, pensamentos e pela vida que estamos criando. Essa prática nos ajuda a moldar novas conexões neurais e a cultivar discernimento e compaixão, saindo do ciclo de reatividade e autoproteção inconsciente. Ela também nos aproxima do nosso Eu Superior, ou Mestre Interior, uma presença sábia e amorosa que nos guia no crescimento e nos auxilia a integrar sombras com gentileza. Cada emoção ou reação, quando observada sem julgamento, revela informações preciosas sobre feridas e necessidades, permitindo transformar a reatividade em crescimento consciente.

O fortalecimento do Eu Observador será a base para todas as etapas no processo do AdulteSer, começando pelo desarme das reações emocionais automáticas. Desenvolver essa habilidade nos permite testemunhar nosso trabalho interior com curiosidade compassiva, trazendo conteúdos inconscientes à superfície para serem acolhidos e transformados. Com isso, abrimos espaço para explorar camadas mais profundas do nosso ser e construir uma vida autêntica, alinhada com quem realmente somos.

ESQUEMA 1

REAÇÕES EMOCIONAIS AUTOMÁTICAS

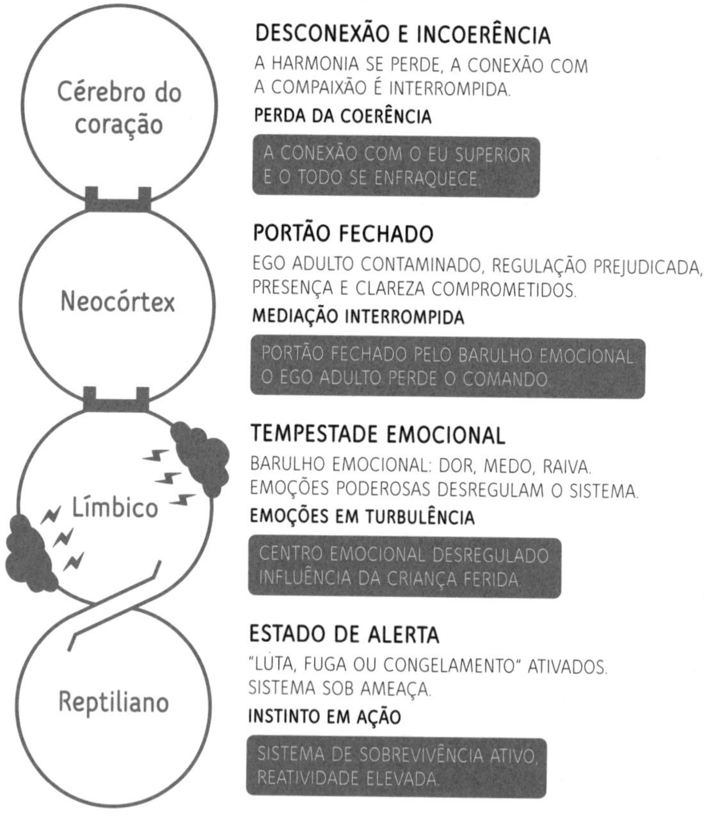

ESQUEMA 2

INTEGRAÇÃO CÉREBRO - CORPO - CORAÇÃO

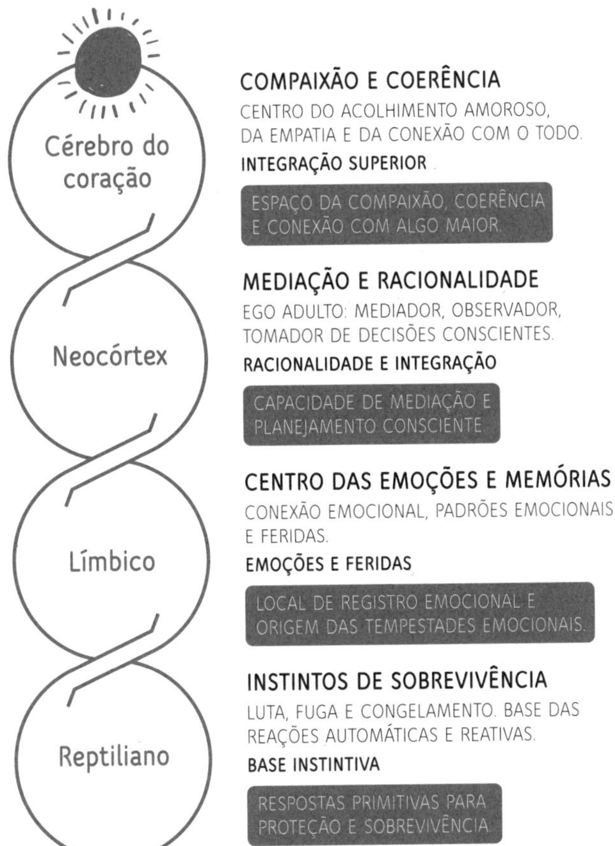

No esquema 1, vemos que o Sistema Tripartite – modelo que compreende o cérebro reptiliano (instinto e sobrevivência), o sistema límbico (emoções) e o neocórtex (pensamento racional) – pode se transformar no esquema 2, que integra cérebro-corpo-coração. A partir do fortalecimento do Eu Observador, é possível se libertar da desconexão e da incoerência, integrar-se com o Eu Superior e conectar-se com algo maior. O ego adulto, antes dominado pelo barulho emocional (conforme esquema 1), desenvolve então a capacidade de mediação e de planejamento consciente. O centro emocional, antes desregulado e influenciado pela criança interior ferida, passa a integrar emoções e memórias com mais clareza. O sistema reptiliano, que operava em estado constante de alerta, é agora compreendido como um instinto vital saudável. E o chamado "cérebro do coração" – uma rede neural existente no próprio coração que se comunica com o cérebro e regula o estado emocional – torna-se o ponto de coerência entre os três centros, abrindo caminho para estados ampliados de consciência e conexão.

PEDRO E AS RESPOSTAS AUTOMÁTICAS

Pedro, um homem de 35 anos, casado, profissional de TI, me procurou para fazer terapia pois começou a perceber como a raiva estava impactando negativamente sua vida. No trabalho, sua impulsividade o impedia de aproveitar novas oportunidades e avançar na carreira. Em casa, sua esposa relatava que, após as explosões, ele se afastava, dominado pela culpa e pelo arrependimento. Ele sentia que as reações fugiam do controle e queria entender por que sempre acabava repetindo esse comportamento, mesmo depois de se comprometer a agir de modo diferente.

Ao longo do nosso trabalho, Pedro começou a perceber um padrão: sempre que se sentia desrespeitado ou ignorado, sua raiva surgia de maneira intensa. Essa resposta parecia vir sem aviso, como se ele fosse "possuído" por uma força incontrolável. Esse é o reflexo de um "sequestro emocional" – quando a amígdala assume o comando antes que a pessoa consiga processar a situação.

No centro dessas reações está o fenômeno conhecido como *hijack*, ou seja, sequestro emocional, popularizado por Daniel Goleman no livro *Inteligência emocional*.[12] Trata-se do momento em que a amígdala cerebral e o sistema límbico como um todo – responsável pelas emoções e conexões – assume o controle das nossas respostas antes que o córtex pré-frontal – responsável pelo pensamento racional e pelo discernimento – intervenha. Durante um sequestro emocional, o cérebro entra em um estado de alerta máximo, ativando hormônios, como adrenalina e cortisol, que nos levam a lutar, fugir ou paralisar. Isso resulta em reações intensas e desproporcionais, como explosões de raiva, ansiedade, medo paralisante ou comportamentos defensivos.

---

[12] GOLEMAN, D. **Inteligência emocional:** a teoria revolucionária que redefine o que é ser inteligente. Rio de Janeiro: Objetiva, 1996.

O QUE PRECISA SER COMPREENDIDO NÃO É A SITUAÇÃO EM SI, MAS O QUE ELA DESPERTA EM NÓS.

ENTRE O EGO E O SAGRADO
@PSICRISTINAFLORENTINO

É por isso que, por fora, Pedro explodia, elevava o tom de voz, tornava-se agressivo e tentava impor presença. Internamente, porém, lidava com uma sensação de vulnerabilidade, tristeza e desvalorização. Ele percebeu que, muitas vezes, usava a agressividade e o controle como uma capa de proteção para esconder o que realmente sentia. Era como se estivesse dizendo: "Se eu parecer forte, ninguém vai perceber que me sinto tão fraco ou desrespeitado".

Pedro começou a notar que, em outros momentos, sua reação era oposta: em vez de expressar a raiva, ele a reprimia, mostrava-se indiferente e fingia que a situação não o incomodava. Mas, internamente, a raiva continuava fervendo, alimentando pensamentos rígidos como: *Ninguém me leva a sério!* ou *Se eu não fizer nada, vão passar por cima de mim!*. Essa incoerência entre o que ele mostrava e o que sentia em seu íntimo revelou como Pedro estava desconectado de seus sentimentos mais profundos.

Muitas vezes, meus alunos me perguntam: "Por onde começo a amadurecer o ego?". Há uma expectativa de que esse processo venha com uma fórmula mágica, algo simples e direto, sem que a pessoa precise se comprometer com o desenvolvimento da própria autonomia. Mas a verdade é que não há atalhos. É preciso colocar a mão na massa e começar a esculpir a vida como a linda obra de arte que é – única, autoral e em constante evolução.

Se olharmos para qualquer tradição séria de autoconhecimento, veremos que todas sugerem algum tipo de registro diário como ferramenta essencial. Essa prática acelera o processo de transformação e nos dá um mapa claro das nossas emoções e reações. Quando eu mesma comecei a registrar meus estados internos diariamente, percebi que meu processo se aprofundou de maneira significativa. Muitas vezes, levamos para a terapia as situações que nos incomodaram na semana, mas, se temos um registro, já chegamos direto ao ponto. Não precisamos perder tempo tentando lembrar ou organizar mentalmente o que relatar. Em vez de nos prendermos às circunstâncias externas, conseguimos enxergar o denominador comum das respostas internas.

A situação pode mudar, as pessoas podem ser diferentes, mas o que acontece dentro de nós se repete: a mesma raiva, o mesmo medo, o mesmo padrão emocional. Esse é o verdadeiro material de trabalho. O que precisa ser compreendido não é a situação em si, mas o que ela desperta em nós.

Foi o que aconteceu com Pedro. Ao observar suas reações de modo consistente, ele começou a perceber que sua raiva carregava informações valiosas. Entendeu que suas explosões ou sua frieza eram formas de proteção que mascaravam uma dor mais profunda – a dor de não se sentir ouvido e valorizado. E essa dor não havia começado no trabalho nem no casamento, mas muito antes, lá na infância. Esse reconhecimento foi o primeiro passo para fortalecer o Eu Observador, permitindo que ele diferenciasse suas reações impulsivas da forma como realmente queria agir no mundo.

Com o tempo, Pedro percebeu que sua transformação não dependia de reprimir emoções, mas de criar um espaço interno para acolhê-las e compreendê-las. Ele entendeu que não precisava lutar contra a raiva, mas sim escutá-la e reconhecer o que ela tentava comunicar. Esse processo o ajudou a sair da repetição automática e a assumir responsabilidade por suas emoções, sem projetá-las nos outros. Ao se comprometer com essa observação, foi encontrando padrões mais entranhados e passou a responder com mais presença e discernimento.

A FERRAMENTA DO CHECK-IN INTERNO

Agora, trago este convite a você: e se, em vez de simplesmente reagir, você começasse a registrar e observar seus padrões emocionais, realizando algo que chamo de "check-in interno"? Muitas vezes, sem perceber, passamos por situações que nos afetam. Pequenos desconfortos, reações impulsivas e emoções intensas surgem e desaparecem sem que nos detenhamos. No entanto, é justamente nesses momentos que encontramos as chaves para o autoconhecimento e a transformação.

Para começar esse mapeamento, o registro diário é uma ferramenta simples, mas extremamente poderosa. Ele fortalece a capacidade de observação e cria um espaço de acolhimento para as emoções. Quando reservamos um momento para revisar e anotar as situações que nos impactaram ao longo do dia, estamos treinando a habilidade de perceber sem nos identificar completamente com tais reações emocionais. Em vez de sermos levados por impulsos automáticos, começamos a trazer à consciência padrões inconscientes que influenciam nossa forma de agir e sentir. Quando algo oculto se torna visível, a intensidade diminui, permitindo que lidemos com essas experiências de modo mais consciente e flexível.

Nosso sistema nervoso registra constantemente informações do ambiente, das interações e do próprio corpo, interpretando-as como sinais de segurança ou ameaça, muitas vezes sem nos darmos conta. Ao anotarmos no dia a dia os momentos em que nos sentimos seguros, conectados e equilibrados, assim como aqueles em que experimentamos tensão, desconforto ou alerta, começamos a identificar padrões que antes passavam despercebidos. Esse rastreamento nos ajuda a entender como nosso organismo responde ao mundo, permitindo que encontremos maneiras mais eficazes de restabelecer o equilíbrio emocional e desenvolver autorregulação. Esse exercício promove clareza emocional e equilíbrio psicológico e prepara o terreno para um nível mais íntimo de conexão consigo mesmo e, futuramente, para a expansão da consciência na dimensão espiritual. Com o tempo, essa prática se torna um hábito de acolhimento, ajudando-nos a responder à vida com mais presença, flexibilidade e autenticidade.

E o melhor: isso leva apenas dez minutos do seu dia. Você pode carregar um caderno consigo, registrar suas percepções em notas no celular ou até mesmo gravar áudios. O essencial é criar um espaço para observar os sinais que ativaram mudanças de estado ao longo do dia, pois é neles que encontraremos o fio condutor para um entendimento mais detalhado de nós mesmos.

EXERCÍCIO: MAPEANDO SITUAÇÕES DESCONFORTÁVEIS

1. IDENTIFIQUE QUAISQUER SINAIS QUE O LEVEM EM DIREÇÃO À CONEXÃO E SEGURANÇA

Esses momentos podem ser sutis, como um olhar acolhedor, um tom de voz gentil ou a sensação de estar presente em um ambiente tranquilo. Identifique e valorize essas experiências no dia a dia.

Exemplo: "Hoje, no meio da tarde, recebi a ligação dc um amigo apenas para saber como eu estava. Ao ouvir sua voz, senti meu corpo relaxar. Minha respiração ficou mais solta, e percebi um leve sorriso se formando no meu rosto. Foi um instante simples, mas trouxe sensação de acolhimento e pertencimento".

2. IDENTIFIQUE A SITUAÇÃO DESCONFORTÁVEL

Anote um momento do seu dia que tenha gerado incômodo emocional ou sensação de ameaça. Muitas vezes, são pequenas confusões do cotidiano – um olhar que incomodou, um prazo que não foi cumprido, uma mensagem não respondida, um tom de voz que irritou – que podem parecer insignificantes à primeira vista. No entanto, são essas situações rotineiras que funcionam como pistas para nos levar a lugares mais ocultos dentro de nós.

Exemplo: "Hoje, no trabalho, fui interrompido por um colega enquanto falava em uma reunião. Senti um incômodo na hora".

3. REGISTRE SUA REAÇÃO EXTERNA – O QUE VOCÊ EXPRESSOU PARA OS OUTROS

Foi agressivo? Se fechou? Tentou disfarçar? Você falou algo, mudou sua postura, evitou o assunto? Muitas vezes, nossa reação externa não condiz com o que realmente sentimos. Também chamamos essa parte de "máscara social".

Exemplo: "Depois que fui interrompido na reunião, cruzei os braços e fiquei calado. Não demonstrei incômodo, mas minha postura ficou fechada, e meu olhar evitava o colega".

4. REGISTRE SUA REAÇÃO INTERNA – O QUE ACONTECEU DENTRO DE VOCÊ

Quais emoções surgiram? Quais pensamentos se repetiram na sua mente? Essa etapa ajuda a perceber a incoerência entre o que mostramos e o que realmente sentimos.

Exemplo: "Senti raiva e um aperto no peito. Minha mente repetia frases como: 'Ele sempre faz isso comigo', 'Sou invisível para as pessoas' e 'Deveria ter falado algo, mas não consigo'".

5. OBSERVE A INCOERÊNCIA – COMPARE AS REAÇÕES INTERNAS E EXTERNAS

Houve diferença entre o que você expressou e o que realmente sentiu? Essa discrepância pode revelar um padrão de defesa ou um mecanismo automático de sobrevivência.

Exemplo: "O que eu demonstrei: indiferença e silêncio. O que eu senti: raiva e frustração. Percebi que meu impulso automático foi me retrair, quando, na verdade, senti vontade de expressar minha insatisfação".

Esse simples registro já mostra que a reação externa não foi coerente com o que estava acontecendo dentro de si. No fundo, havia um sentimento de rejeição e um desejo de conexão, mas, em vez de expressar isso de maneira autêntica, a reação automática foi se distanciar para tentar se proteger.

Aqui entra um conceito fundamental que uso em minhas aulas: "O adulto *age*, e a criança *reage*". Quando estamos no piloto automático, nossa parte emocional ferida responde a partir de suas defesas, de maneira instintiva, como fazia no passado, tentando se proteger da dor da rejeição, do abandono, do desamparo, da exclusão ou da desvalorização. No entanto, nosso Eu Adulto tem a capacidade de observar antes de agir, trazendo consciência para a experiência e permitindo uma resposta mais madura e alinhada com a realidade do momento. A criança vive no passado, na irrealidade; o adulto vive no presente, na realidade.

Observar a incoerência entre nossas respostas internas e externas é um passo essencial para fortalecer o Eu Observador. No entanto, essa percepção pode se aprofundar ainda mais quando aprendemos a identificar os sinais que nosso corpo e nossa mente enviam antes mesmo de uma reação automática acontecer. Vamos expandir essa investigação, explorando como essas reações se manifestam nos três níveis: corpo, mente e emoções.

1. **Registre a situação que tenha causado desconforto ou ativado alguma reação emocional durante o dia**
   Exemplo: "Hoje eu não estava bem, enviei uma mensagem para um colega de trabalho, e ele visualizou, mas não respondeu. Fiquei irritado e passei o dia remoendo a situação".

2. **Observe seu corpo**
   Nosso corpo reage antes mesmo de termos consciência do que estamos sentindo. De acordo com a Teoria Polivagal, concebida pelo dr. Stephen Porges, essa reação do corpo gera um processo conhecido como neurocepção. O sistema nervoso, de maneira automática e inconsciente, escaneia o ambiente o tempo todo, as pessoas ao redor e nossas próprias sensações internas em busca de sinais de segurança ou ameaça. Identificar esses sinais físicos nos ajuda a perceber quando estamos entrando em um estado emocional reativo, o que nos permite intervir antes que a reação automática tome conta.
   Perguntas a se fazer: Onde no meu corpo sinto essa emoção? Houve tensão muscular? Aperto no peito? Nó na garganta? Respiração acelerada? Meu corpo ficou agitado ou pesado?
   Exemplo: "Senti um aperto no estômago, e minha respiração ficou mais curta e superficial".

3. **Observe sua mente**
   Os pensamentos surgem automaticamente e, muitas vezes, criam uma narrativa sobre o que aconteceu, com base em um roteiro do passado. Ao identificá-los, podemos questionar se eles realmente correspondem à realidade ou se são projeções de experiências passadas.
   Perguntas a se fazer: Quais pensamentos surgiram de imediato? Houve julgamentos ou suposições sobre a intenção do outro? Criei alguma história sobre a situação?
   Exemplo: "Pensei que ela estava me ignorando e que isso significava que eu não sou importante".

4. **Observe suas emoções**
   As emoções são correntes de energia em movimento, e nem sempre conseguimos expressá-las na hora. Observar como nos sentimos nos ajuda a dar nome às nossas emoções e compreender a intensidade delas.

O ADULTO *AGE*, E
A CRIANÇA *REAGE*.

ENTRE O EGO E O SAGRADO
@PSICRISTINAFLORENTINO

Perguntas a se fazer: Qual emoção predominante senti nessa situação? Havia alguma outra emoção mais profunda por trás dela? Como essa emoção influenciou meu comportamento?
Exemplo: "Senti irritação, mas depois percebi que, no fundo, estava me sentindo rejeitada".

A ATITUDE DE CURIOSIDADE: O QUE A REAÇÃO EMOCIONAL QUER MOSTRAR?

Utilizando o caso de Pedro, percebemos que as reações automáticas não devem ser eliminadas, mas compreendidas, pois carregam informações valiosas sobre experiências passadas e necessidades não atendidas. Em situações de perigo real, essa resposta é fundamental para a sobrevivência, mas, na maioria das vezes, o corpo e a mente interpretam ameaças onde não há risco verdadeiro. O desafio não é se livrar da raiva, mas desenvolver curiosidade sobre ela. Quando passamos a observar nossas emoções como mensagens, e não como inimigas, começamos a identificar pistas importantes sobre o que nossa psique percebe como ameaça e o que ainda precisa ser acolhido e ressignificado.

Em vez de se julgar por ser tomado pela raiva, se sentir um impostor ou se questionar se estava certo ou errado, Pedro começou a reformular perguntas para vasculhar seu universo interior. Em vez de simplesmente pensar: "Como faço para parar de sentir raiva?", passou a se questionar: "O que essa raiva está tentando me mostrar?", "O que exatamente despertou essa intensidade em mim?", "Se minha raiva pudesse falar, o que ela diria?". Com isso, Pedro começou a perceber que, na maioria das vezes, sua reação não era proporcional ao momento presente, mas sim uma repetição inconsciente de antigas memórias emocionais.

Essa mudança de perspectiva trouxe uma grande descoberta: a raiva não era o problema, mas um sinal de que havia algo mais arraigado dentro dele pedindo atenção. Ao reformular suas perguntas, ele criou um espaço interno entre o estímulo (alguém não prestar atenção nele) e sua reação automática (explodir de raiva). Quanto mais exercitou essa abordagem, mais claro ficou que sua impulsividade não era uma característica imutável de sua personalidade, mas sim uma resposta protetiva do passado que já não funcionava mais. A curiosidade, em vez do julgamento e da autocrítica, abriu caminho para um novo nível de compreensão e crescimento emocional.

PRÁTICAS PARA FORTALECER O EU OBSERVADOR E REGULAR AS EMOÇÕES

Pedro também aprendeu a regular suas emoções, aplicando técnicas de respiração que o ajudaram a recuperar a presença antes de reagir de maneira impulsiva. Uma das primeiras práticas que incorporou ao seu dia a dia foi a respiração consciente, um dos métodos mais eficazes para acalmar o sistema nervoso e criar um espaço interno entre o estímulo e a resposta. Quer experimentá-lo? Funciona assim: inspire profundamente por quatro segundos, segure o ar por mais quatro e solte lentamente em oito segundos. Repita o mesmo procedimento cinco vezes.

Esse exercício simples ativa o sistema nervoso parassimpático (a parte do sistema nervoso autônomo responsável por, entre outras funções, fazer o corpo retornar a um estado de calma após uma situação de perigo iminente ou estresse), reduzindo o estado de alerta do cérebro e promovendo um relaxamento imediato. Pedro percebeu que, ao praticá-lo diariamente e sempre que sentia a raiva crescer, conseguia interromper padrões automáticos e trazer mais presença para suas reações.

Outra técnica que ele adotou foi a exalação dupla, recomendada pelo mestre de ioga indiano Paramahansa Yogananda antes da meditação. Para praticá-la, solte todo o ar pela boca em duas fases. Então, inspire profundamente pelas narinas e contraia todo o corpo enquanto segura o ar por oito segundos. Em seguida, solte o ar de novo em uma dupla exalação e relaxe completamente. Repita oito vezes.

Essa prática se tornou um recurso essencial para Pedro em momentos de tensão, ajudando-o a manter a clareza mental antes de reuniões importantes e a lidar com desafios cotidianos de maneira mais equilibrada. Ao integrar essas ferramentas no seu dia a dia, ele ainda sentia raiva e desconforto, claro, mas já não era mais dominado por essas emoções – Pedro as observava, compreendia e escolhia como agir. Seu Eu Observador se fortalecia a cada prática, trazendo mais consciência e liberdade para suas respostas emocionais.

Outro passo fundamental foi aprender a nomear as emoções a partir do Eu Observador, promovendo uma desidentificação imediata. Em vez de dizer "Estou com raiva", passou a formular "Uma parte em mim está com raiva" ou "Algo em mim está se sentindo culpado". Essa simples mudança ativa o córtex pré-frontal, reduz a dominância da amígdala e cria um espaço interno que proporciona mais controle sobre suas ações.

Assim como a ostra transforma um grão incômodo em pérola, Pedro aprendeu a usar suas aflições como um portal para seu crescimento. Depois de meses praticando essas ferramentas, passou por mudanças significativas. No trabalho, sua comunicação tornou-se mais clara e assertiva, abrindo portas para novas oportunidades. Em casa, sua relação com a esposa melhorou, pois ele conseguiu substituir as explosões emocionais por diálogos conscientes e autênticos.

O impacto mais profundo, no entanto, aconteceu internamente. Pela primeira vez, Pedro experimentou uma paz genuína – algo que antes parecia inatingível. Ele percebeu que suas emoções não precisavam ser combatidas, mas compreendidas. Ao fortalecer seu Eu Observador, tornou-se mais presente e capaz de lidar com desafios sem ser arrastado pelo impulso.

Pedro ainda tem um caminho pela frente, mas agora compreende que suas reações não são inimigas, e sim respostas que, se um dia representaram tentativas de proteção, hoje podem ser vistas como mensagens da alma em busca de crescimento. Seu primeiro passo não foi eliminar suas emoções, mas sim tomar consciência delas e substituí-las pela curiosidade, em vez do julgamento. A raiva nunca foi o problema – o verdadeiro desafio estava na forma de lidar com ela. E foi nesse espaço de consciência que sua transformação começou.

Com a história de Pedro, aprendemos que, a partir do desenvolvimento do Eu Observador e da autorresponsabilidade, adquirimos a capacidade de pausar, observar as reações automáticas e refletir antes de agir. Com a ferramenta do check-in interno – o primeiro passo do método AdulteSer –, ao registrarmos nossas respostas automáticas, observarmos a reação interna e a reação externa e avaliarmos a incoerência entre elas, estaremos aptos a reconhecer nossas reações emocionais intrínsecas e a transformar nossas atitudes, que é o que veremos no segundo passo do método.

6. RECONHECENDO O EU INFERIOR

O verdadeiro crescimento acontece ao integrar o Eu Inferior com consciência.

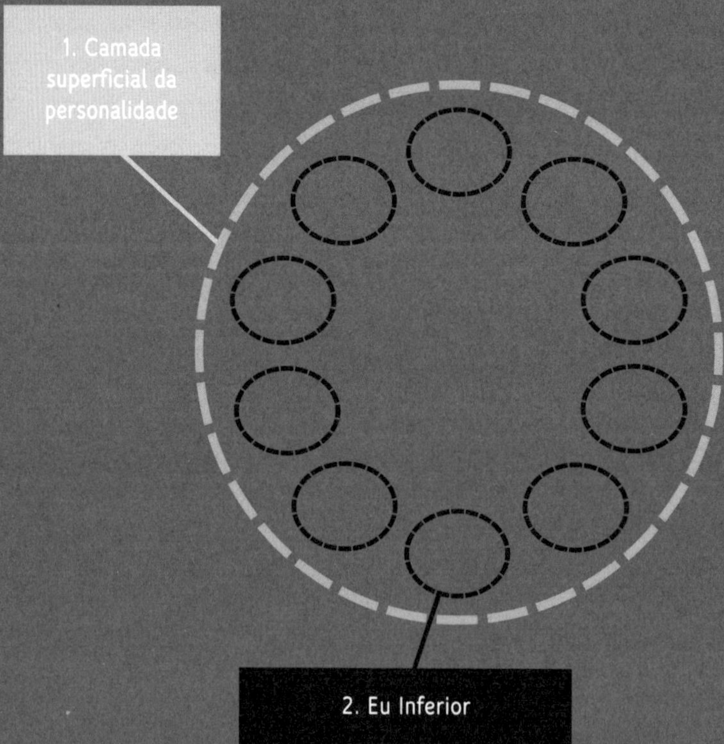

Por muito tempo, eu não soube como lidar com o meu lado sombrio. Essa era uma parte exilada da minha consciência. Na época, eu não tinha maturidade para incluir o Eu Inferior e o Eu Superior na minha pessoa ao mesmo tempo. Estava presa a uma polaridade rígida: ou eu era boa ou má, perfeita ou imperfeita, espiritual ou terrena. O ego se tornou um inimigo a ser vencido, um obstáculo entre mim e a iluminação. Sem perceber, eu vivia em constante conflito interno, tentando reprimir qualquer pensamento ou sentimento que não estivesse de acordo com o ideal espiritual que eu havia criado para mim mesma.

Minha intenção era expandir minha capacidade de amar, ser compassiva nas minhas relações e irradiar luz para o mundo. Mas eu não percebia quanto era implacável comigo mesma. Cobrava-me por não ser suficientemente elevada, por ainda sentir raiva, impaciência ou frustração, por não estar sempre em paz. Cada vez que algo dentro de mim parecia destoar desse ideal, minha resposta era sempre a mesma: me esforçar ainda mais. Meditar mais, servir em dobro, tentar ser ainda melhor. Mas, ao passo que tentava reprimir minhas falhas, mais distante de mim mesma eu me sentia.

O que eu não sabia era que o meu Eu Inferior não devia ser temido. Descobri que, além dele, existiam dentro de mim diversas partes, cada uma com a própria voz e função. Compreender isso me deu um grande senso de empoderamento. Passei a perceber que havia um diálogo constante dentro da minha mente e, em certos momentos, até uma verdadeira guerra. Foi incrível começar a colocar ordem na casa e entender que aquela voz interna crítica – que me dizia que eu não era boa o suficiente, que me fazia sentir uma impostora por ser professora de meditação e, ao mesmo tempo, ter momentos de raiva e dúvida – era apenas uma parte de mim. E o melhor: essa parte não era minha inimiga! Foi chocante descobrir que o meu Eu Inferior também tentava, à sua maneira, me proteger.

O Eu Inferior, que tantas vezes é temido, negado e mal falado, teve uma função fundamental na nossa infância. Quando ainda não tínhamos um ego maduro, ele assumiu o papel de protetor. Ele criou armaduras ou defesas para lidar com traumas e feridas emocionais que seriam insuportáveis para nossa criança. Essas estratégias foram essenciais para a nossa sobrevivência psicológica. O problema é que, na vida adulta, essa parte ainda age como se estivéssemos na mesma realidade do passado, tentando nos resguardar a qualquer custo, mas nos impedindo de crescer. O Eu Inferior mantém padrões rígidos de defesa, controle e autopreservação, perpetuando ciclos de autossabotagem e recriação de feridas emocionais.

Em muitas tradições espirituais e algumas abordagens terapêuticas, os sentimentos e pensamentos negativos são tratados como inimigos. Se você sente raiva, dizem que sua frequência vibra baixo, podendo atrair obsessores ou até contaminar seu campo energético. Em outros contextos, a raiva é vista como descontrole, um impulso perigoso que pode levar a atos destrutivos e, por isso, deve ser evitada a todo custo. A grande questão é que não fomos ensinados a manejar a agressividade de modo saudável. Como não sabemos lidar com ela e tememos possíveis consequências, optamos por negar, reprimir e esconder essa emoção. Outras vezes, acabamos despejando desproporcionalmente, sobre pessoas e situações, a raiva reprimida, ou a internalizamos, convertendo-a em doenças e bloqueios emocionais.

Emoções são energias psíquicas que não desaparecem simplesmente porque decidimos ignorá-las. Quanto mais as sufocamos, mais elas encontram formas distorcidas de se manifestar, seja por meio de explosões impulsivas, irritação constante, depressão, sintomas físicos ou um profundo sentimento de desconexão.

A crença na polaridade do Eu, dividido entre uma parte "boa" e a outra "má", nos levou a ver a mente como um campo de batalha, no qual qualquer impulso indesejável deveria ser combatido, controlado ou eliminado. Essa visão criou um ciclo de autocrítica implacável: se temos emoções desconfortáveis, acreditamos que falhamos; se surgem reflexões negativas, somos ensinados a suprimi-las. Então, faço um convite: e se, em vez de negarmos ou lutarmos contra sentimentos e pensamentos "negativos", aprendêssemos a ouvi-los?

A mente gera um fluxo incessante de pensamentos, e grande parte deles apenas nos distrai do que realmente importa. Por isso, muitas vezes, precisamos criar espaço interno para silenciá-los. Práticas como a meditação da atenção plena podem ser um primeiro passo valioso, pois nos ensinam a não nos identificarmos com cada raciocínio que surge. No entanto, nesta etapa, o que buscamos não é simplesmente esvaziar a mente, mas sim reconhecer pensamentos e emoções recorrentes que carregam um peso emocional, que insistem em voltar e causar sofrimento. E é exatamente aí que encontramos uma das chaves para acessar o Eu Inferior: em vez de rejeitá-lo, o convite é para identificá-lo e compreendê-lo.

Quanto mais resgatamos e acolhemos essas partes fragmentadas do Eu Inferior, mais sentimos a energia vital voltar a fluir em nossa vida. Nosso psiquismo consome uma quantidade imensa de energia para manter nossas defesas, e viver a partir delas é o que mais causa esgotamento. A defesa é pesada, rígida, e, com o tempo, nos confundimos com ela, acreditando que somos essa armadura que construímos para nos proteger.

O ACOLHIMENTO DO EU INFERIOR

Muitas pessoas que seguem um caminho espiritual caem na ilusão de que transcender significa negar o Eu Inferior, suprimindo desejos, emoções e partes de si que não se encaixam no ideal de elevação. Estão convencidas de que basta focar a luz para que a sombra desapareça. Mas esse é um engano que nos mantém desconectados da realidade, flutuando nas nuvens da espiritualidade abstrata, enquanto evitamos o solo firme da experiência humana. O verdadeiro crescimento acontece ao integrar o Eu Inferior com consciência. Não estamos aqui para rejeitar nossa humanidade, e sim para transformá-la, trazendo luz ao que foi negado e permitindo que a espiritualidade não seja uma fuga, mas um caminho de presença e enraizamento.

O desafio desta etapa do método não é lutar contra o Eu Inferior, mas acolhê-lo com honestidade, compreendê-lo e integrá-lo de modo saudável. Após desarmarmos as reações automáticas no capítulo anterior, agora nos aprofundaremos na investigação dessa camada mais densa e complexa da personalidade. Chegou o momento de olhar para essa parte em nós que, por tanto tempo, tentamos reprimir ou negar. Em vez de resistência, oferecemos curiosidade. Em vez de julgamento, reconhecimento. Então, respire fundo e diga:

Seja bem-vindo, Eu Inferior. Você faz parte de mim. Eu vejo você, reconheço sua intenção de me proteger e agora estou pronto para atravessar suas camadas. Peço ajuda ao meu Eu Superior para iluminar o caminho com a luz da verdade, para que eu não me perca na neblina do autoengano, da confusão ou da dúvida. Que assim seja! E assim é!

O Eu Inferior atua de maneira sutil e camuflada, muitas vezes se disfarçando por trás de exigências internas e externas que parecem justificáveis, mas que, na realidade, nos aprisionam em padrões de sofrimento. Ele se manifesta por meio de diferentes aspectos que operam em conjunto para nos resguardar da dor emocional: o perfeccionismo, que tenta garantir aceitação e amor por meio de uma busca incansável pela excelência; o Eu Crítico, que nos impõe padrões inflexíveis e nos pune sempre que não os alcançamos; o medo, que nos mantém em vigilância constante para evitar rejeições ou falhas; o orgulho, que esconde nossas vulnerabilidades e nos faz parecer mais fortes do que realmente somos; e a obstinação, que nos impede de abandonar esses padrões, por medo de perder o controle.

Essas forças não atuam separadamente. Na realidade, elas se entrelaçam de modo imperceptível, reforçando umas às outras. O perfeccionismo nos exige que sejamos irrepreensíveis, enquanto o Eu Crítico reforça que nunca seremos bons o bastante. O medo nos convence de que, se falharmos, seremos descartados ou humilhados, e o orgulho entra em cena para mascarar qualquer sinal de fraqueza. Já a obstinação nos mantém presos a esse ciclo, nos fazendo acreditar que não há outra maneira de existir no mundo.

Embora essas dinâmicas pareçam naturais e muitas vezes sejam até vistas como virtudes – afinal, quem não gostaria de ser uma pessoa competente, cuidadosa ou determinada? –, elas foram, na verdade, estratégias que desenvolvemos ainda na infância para garantir aceitação e segurança emocional. Naquele momento, essas táticas foram cruciais para nossa sobrevivência psicológica, mas, na vida adulta, perpetuam um estado de tensão e autossabotagem que nos afasta da autenticidade e nos impede de viver com leveza.

Somente reconhecendo a função protetora que essas partes desempenharam no passado podemos transformá-las e liberar os recursos internos que ficaram bloqueados. Ao integrarmos esses aspectos de maneira saudável, vamos permitir que nosso amadurecimento emocional nos conduza a escolhas mais conscientes e libertadoras. Ao longo deste capítulo, exploraremos essas camadas em profundidade e aprenderemos a dissolver barreiras, abrindo espaço para uma relação mais autêntica e compassiva conosco.

CINCO ASPECTOS QUE MOLDAM NOSSA DEFESA CONTRA A DOR

Chamamos de Complexo do Eu Inferior um conglomerado de aspectos interligados que operam juntos, como um sistema de defesa. Longe de ser um traço isolado, essas partes formam uma estrutura interna que, embora tenha surgido para nos proteger da dor emocional, acaba limitando o acesso ao nosso potencial mais elevado do Eu Superior. Em vez de promover autenticidade, essa estrutura nos impede de vivê-la com plenitude e, muitas vezes, nos conduz diretamente às cenas que mais tememos.

Esse complexo se manifesta de diversas formas e, neste livro, escolhemos os cinco aspectos mais comuns do Eu Inferior: a autoimagem idealizada, o Eu Crítico, o medo, o orgulho e a obstinação. Cada um cumpre uma função defensiva inconsciente, mas, em vez de nos proteger, acaba nos mantendo presos em um ciclo de inflexibilidade, sofrimento e autoengano. Vamos explorá-los para aprender a encarar como cada um deles se revela.

1. AUTOIMAGEM IDEALIZADA (PERFECCIONISMO): O IDEAL INATINGÍVEL

A autoimagem idealizada, criada na infância como uma estratégia de sobrevivência, evolui na vida adulta para o que chamamos de perfeccionismo – um esforço constante e desgastante para atender a padrões irreais de exigência e performance. Essa exigência interna nasce como uma pseudossolução desenvolvida pela criança para lidar com a dor da inadequação e garantir amor e segurança. Ela suscita pensamentos do tipo: *Se eu for perfeita, serei aceita; Se eu nunca falhar, ninguém terá motivos para me rejeitar.*

Por muito tempo, eu achava que ser indefectível era uma qualidade. Eu me dedicava incansavelmente a atender às expectativas dos outros, acreditando que, ao fazer tudo certo, enfim seria digna de amor e aceitação. Mas a lista de exigências era interminável: precisava ser a melhor mãe, a esposa ideal, a amiga presente, a profissional impecável, a mais espiritualmente devota... Que canseira! Acreditava que somente se eu fosse esse modelo de perfeição poderia merecer o amor das pessoas e até mesmo de Deus. Aqui existia uma forma condicional de amor – eu precisava ser impecável para ser amada.

O medo de falhar ou de sermos vistos como insuficientes nos leva a adotar um padrão rígido de comportamento, em que qualquer erro pode ser interpretado como um risco de rejeição. Na vida adulta, essa construção se manifesta como um ciclo exaustivo: buscamos incessantemente atender a expectativas irreais – sejam elas nossas ou impostas pelos outros – e nos frustramos ao percebermos que a perfeição nunca chega. Assim, o perfeccionismo exige que sigamos um modelo impossível de alcançar, e o Eu Crítico entra em cena para garantir que esse padrão nunca seja esquecido. Essa dupla dinâmica mantém um estado de hipervigilância interna, em que estamos sempre avaliando nossas falhas e reforçando a sensação de que não somos bons o bastante.

No entanto, o Eu Crítico não age sozinho. O orgulho realça a necessidade de esconder nossas falhas, porque admitir erros seria intolerável. O medo nos faz acreditar que, se falharmos, seremos rejeitados e perderemos o amor e a aceitação das pessoas. E a obstinação resiste a qualquer mudança que ameace essa construção, mantendo o padrão de exaustão e insatisfação.

O grande desafio é romper com essa armadilha e acolher nossa humanidade, reconhecendo que nosso valor não depende de atender a um ideal impossível. O verdadeiro amadurecimento não está em ser perfeito, mas em ser inteiro, aceitando tanto nossas forças quanto nossas vulnerabilidades, sem que isso comprometa a autoestima ou a conexão com os outros.

Esse processo significa abandonar a ideia de que precisamos ser irrepreensíveis para merecer amor. Quanto mais nos permitimos ser humanos, mais nos libertamos da prisão do perfeccionismo e da autocrítica incessante.

2. O EU CRÍTICO: O FISCAL INTERNO

Se o perfeccionismo cria uma meta inalcançável, o Eu Crítico é quem nos pune implacavelmente por não conseguirmos alcançá-la. Essa voz interna severa carrega as mensagens assimiladas das figuras de autoridade familiares e das normas do nosso grupo social. Desde cedo, a criança registra o que é considerado certo ou errado não apenas pelas palavras, mas também pelas mensagens sutis e inconscientes que permeiam o ambiente familiar. Sem discernimento, ela grava essas ideias como verdades absolutas, sem questioná-las ou modificá-las, pois tem fé inquestionável nas pessoas que as proferiram.

Assim, vão se formando os limites invisíveis da sua psique. Como uma cerca, eles delimitam o que é aceitável pensar, sentir e fazer para garantir o pertencimento e, ao mesmo tempo, sinalizam o perigo que ameaça essa conexão essencial. Com o passar dos anos, o Eu Crítico se torna um fiscal interno, sempre vigilante, garantindo que você não saia e não corra o risco de rejeição. O problema é que ele não protege apenas de erros reais; também tem potencial para paralisar diante da possibilidade de errar.

Essa voz se manifesta por meio de um diálogo interno severo e autodepreciativo, alimentando a culpa e a vergonha constantes. Dele vêm afirmações mentais como: *Você nunca será bom o suficiente*; *Como você pôde errar nisso? Que vergonha!*; *Os outros conseguem, mas você não vai conseguir*; *Se você fosse mais disciplinado, já teria chegado lá*; *Isso não é para o seu bico!*; *As pessoas só te respeitam porque você faz tudo por elas*; *Não se permita mostrar fraqueza, senão vão se aproveitar de você.*

O Eu Crítico se assemelha a um gravador antigo, que reproduz sem cessar os mesmos padrões aprendidos no passado. Ele opera como um sistema operacional desatualizado, tentando resolver os desafios da vida adulta com as estratégias de sobrevivência da infância. Quando o Eu Adulto não está presente ou quando não há tempo para reflexão, ele assume o controle e, assim, a voz do passado fala por nós.

Embora a crítica possa parecer destrutiva, seu propósito original nunca foi nos prejudicar. Na verdade, o Eu Crítico acredita que está nos resguardando. Ele aprendeu, direta ou indiretamente, que ser duro e exigente poderia evitar a rejeição e o fracasso. No entanto, em vez de nos fortalecer, essa voz nos paralisa, nos impede de viver plenamente e drena nossa energia psíquica.

Essa autovigilância também se entrelaça com outros aspectos do Eu Inferior. O perfeccionismo exige padrões irreais, e o Eu Crítico nos pune por não os alcançar. O orgulho nos impede de pedir ajuda, pois a admissão da dificuldade seria a aceitação do fracasso. O medo nos mantém paralisados, aterrorizados com a possibilidade de errar novamente. A obstinação nos prende nesse ciclo, pois abandonar essa dinâmica significaria perder o controle.

Reconhecer essa voz não significa dar ainda mais poder a ela, mas sim desprender-se dela e construir um diálogo interno mais compassivo. Quando conseguimos olhar para essa parte de nós com curiosidade e acolhimento, percebemos que a intenção nunca foi nos destruir, mas sim evitar a dor. Só que agora, como adultos, temos novos recursos internos para nos defender. Podemos começar a transferir a energia psíquica desperdiçada na autocrítica para a autoproteção e a autonutrição, aprendendo a nos tratar com a gentileza que sempre buscamos nos outros.

EXERCÍCIO: IDENTIFICANDO AS VOZES DO PERFECCIONISMO E DO EU CRÍTICO

a) **Observe sua autoexigência no dia a dia**

No cotidiano, preste atenção nos momentos em que você sente que precisa se esforçar mais, ser melhor ou corresponder a um ideal. Sempre que isso acontecer, pare por um instante e pergunte a si mesmo: "O que estou tentando provar?", "Para quem estou tentando ser exemplar?", "O que aconteceria se eu não atingisse essa expectativa?".

b) **Anote as mensagens do seu Eu Crítico**

Pegue um caderno e escreva as frases que sua voz interna diz quando você sente que falhou ou não foi "bom o suficiente". Muitas dessas mensagens podem ser variações de: "Você precisa dar conta de tudo sozinho", "Se você fosse mais disciplinado, já teria chegado lá", "Se falhar, as pessoas vão te julgar", "Você não pode mostrar fraqueza".

c) **Identifique o tom e a origem dessas vozes**
Depois de anotar algumas dessas frases, reflita: "Essa voz me lembra alguém/é familiar?", "Se essa voz tivesse um rosto, de quem seria?", "Pais, professores, figuras de autoridade?", "O tom dessa voz é severo, crítico ou compassivo?".

d) **Questione essa exigência**
Agora, pergunte a si mesmo: "Essa exigência realmente me fortalece ou apenas me paralisa?", "O que aconteceria se eu fosse mais gentil comigo neste momento?", "Se essa voz fosse um pouco mais flexível e amorosa, o que ela diria?".

e) **Traga equilíbrio**
Para finalizar, escreva uma nova mensagem para substituir as frases do Eu Crítico. Algo que um amigo compassivo ou um mentor sábio diria a você. Exemplo:
Frase do Eu Crítico: "Se eu errar, as pessoas vão perder o respeito por mim e serei 100% infeliz".
Nova mensagem: "Eu sou humano. Errar faz parte do aprendizado e não diminui meu valor. Caso haja desrespeito por mim, esse é somente um sentimento indesejável, eu não vou morrer".

3. O MEDO: A VOZ DA VULNERABILIDADE

O medo é a raiz mais profunda do Eu Inferior. Ele se desenvolve como um mecanismo de autoproteção, criado para nos manter seguros da dor emocional e da rejeição. Quando crianças, dependíamos completamente do amor e da aprovação dos nossos cuidadores, e qualquer ameaça a esse vínculo gerava um profundo sentimento de insegurança. O medo nos ensinou a nos adaptar às expectativas alheias e a evitar comportamentos que pudessem resultar em abandono. Ele foi essencial para nossa sobrevivência emocional na infância, mas, quando seguimos carregando essa programação para a vida adulta, ele nos impede de crescer e nos expressar autenticamente.

O medo pode se manifestar de diversas formas: no receio de fracassar, na ansiedade sobre o futuro, na insegurança nas relações, no temor de sermos engolidos por sentimentos destrutivos e na necessidade constante de controle. Muitas vezes, ele nos paralisa diante das oportunidades e nos convence de que o mundo é um lugar perigoso, onde cada passo pode levar ao fracasso. Mas, por trás desse medo, há uma parte nossa que só quer se sentir cuidada e acolhida.

O medo está diretamente conectado a outros aspectos do Eu Inferior. O orgulho esconde nossas inseguranças, criando uma falsa sensação de força para evitar que os outros percebam nossa vulnerabilidade. Já a obstinação resiste à mudança, pois o medo da incerteza parece maior do que o sofrimento familiar do passado.

EXERCÍCIO: RECONHECENDO O MEDO COMO UM MECANISMO DE CONTROLE

a) **Observe os momentos em que o medo bloqueia suas escolhas**
O medo muitas vezes se disfarça de prudência ou exigência exacerbada, mas na verdade pode estar impedindo você de dar passos importantes. No cotidiano, perceba em que momentos você hesita ou evita fazer algo por medo de falhar, de ser julgado ou de perder o controle. Pergunte-se: "O que eu faria se não estivesse com medo?", "Eu tomo minhas decisões com base no excesso de precaução ou na confiança?", "Como o medo influencia minhas relações, minha capacidade de amar, de sentir todos os sentimentos, minha liberdade de ser quem sou?".

b) **Anote os pensamentos de medo que o mantêm estagnado**
Escreva frases que surgem quando você se sente inseguro para agir: "E se eu falhar e me arrepender?", "As pessoas vão me julgar se eu fizer isso", "Prefiro ficar onde estou, é mais seguro", "Ainda não estou pronto, preciso fazer mais um curso".

c) **Questione a realidade dessas crenças**
Agora, reflita: "O que de pior poderia acontecer se eu tentasse?". Visualize o pior cenário. Uma vez nele, o que você sente? Qual é a sensação no seu corpo? O que você pensa sobre si mesmo? Existe uma possibilidade real de perigo ou é apenas uma memória antiga o protegendo? Já houve momentos em que sentiu medo, mas seguiu em frente e deu certo?

d) **Redefina seu relacionamento com o medo**
Reformule essas crenças limitantes com mais gentileza e confiança.
Frase do medo: "Se eu tentar algo novo, posso fracassar, perder tudo e me envergonhar. Isso vai acabar comigo, serei um completo perdedor".
Nova perspectiva: "A vida consiste em ganhar e perder; se há aprendizado com as perdas, elas se transformam em ganhos. Cada passo que dou, mesmo com medo, me fortalece. O medo pode ser meu aliado e apontar lugares que precisam ser integrados".

4. ORGULHO: A ILUSÃO DE SUPERIORIDADE

O orgulho surge como uma couraça que impede a exposição das nossas fragilidades. Ele nos faz acreditar que somos superiores, autossuficientes e que não precisamos dos outros. Na infância, essa defesa pode ter se formado em resposta à humilhação ou à sensação de impotência. Se nos sentimos vulneráveis ou desvalorizados, aprendemos a mascarar essa dor com uma atitude de superioridade ou afastamento.

Na vida adulta, o orgulho pode se manifestar de diferentes formas: dificuldade em pedir ajuda, necessidade de sempre ter razão e resistência em admitir erros. Em vez de reconhecermos nossas limitações, nos fechamos em uma postura de rigidez e negação, como se admitir uma fraqueza fosse uma ameaça à nossa identidade. Mas, por trás dessa atitude, há um receio profundo de sermos vistos como falhos e, consequentemente, sermos rejeitados.

O orgulho está intimamente conectado aos outros aspectos do Eu Inferior. O Eu Crítico bloqueia a manifestação de qualquer sinal de vulnerabilidade, reforçando a ideia de que devemos parecer sempre fortes. O medo

QUANTO MAIS
NOS PERMITIMOS
SER HUMANOS,
MAIS NOS
LIBERTAMOS
DA PRISÃO DO
PERFECCIONISMO
E DA AUTOCRÍTICA
INCESSANTE.

ENTRE O EGO E O SAGRADO
@PSICRISTINAFLORENTINO

nos convence de que, se nos expusermos, seremos humilhados. Já a obstinação impede a mudança, pois admitir que precisamos mudar seria um golpe no orgulho.

EXERCÍCIO: IDENTIFICANDO O ORGULHO COMO DEFESA

a) **Experimente observar os momentos em que você se fecha**
O orgulho muitas vezes se manifesta quando sentimos que precisamos nos proteger de possíveis humilhações, da vulnerabilidade ou do medo de falhar. No seu dia a dia, perceba momentos em que você sente dificuldade em admitir um erro, pedir ajuda ou aceitar um conselho. Pergunte-se: "Como eu reajo quando sou criticado ou corrigido?", "Sinto necessidade de sempre ter razão ou de me justificar?", "Tenho dificuldade em demonstrar meus pontos fracos?".

b) **Anote os pensamentos que justificam seu orgulho**
Pegue um caderno e registre frases que surgem internamente quando você percebe que está resistindo a se abrir. Elas podem ser variações de: "Se eu errar, vou perder o respeito das pessoas", "Eu não preciso de ninguém para resolver meus problemas", "Se eu me mostrar vulnerável, serei visto como fraco".

c) **Identifique a origem dessa defesa**
Agora, reflita: de onde vem essa necessidade de se proteger? Quem lhe ensinou que demonstrar fraqueza era perigoso? Quando em sua infância você precisou ser forte para se sentir seguro?

d) **Questione a rigidez do orgulho**
Tente reformular essas crenças com mais flexibilidade.
Frase do orgulho: "Se eu pedir ajuda, as pessoas vão me ver como incapaz e dependente, eu serei um completo incompetente".
Nova perspectiva: "Pedir ajuda não diminui meu valor. No lugar, me fortalece e me conecta aos outros. Sou um ser humano comum, e há muito poder em me sentir vulnerável".

5. A OBSTINAÇÃO: A RESISTÊNCIA À MUDANÇA

A obstinação é a resistência à transformação. Ela surge como uma defesa inconsciente contra a incerteza e o medo do desconhecido. Muitas vezes, é o medo disfarçado de teimosia, a crença de que só há um caminho certo e que qualquer mudança pode ser uma ameaça. Para a criança que fomos, a previsibilidade era sinônimo de segurança. Situações novas ou inesperadas poderiam representar risco, e, por isso, nos apegamos rigidamente a velhos padrões, mesmo quando eles nos fazem sofrer.

No dia a dia, a obstinação pode se manifestar como a dificuldade em aceitar novas perspectivas, a insistência em fazer as coisas do próprio jeito, no próprio tempo, e a resistência a mudar de maneira significativa na vida pessoal ou profissional. Muitas vezes, nos recusamos a questionar certas crenças ou padrões, pois mudar significa admitir que algo estava errado antes, e isso pode ser interpretado pelo Eu Inferior como uma derrota.

Esse aspecto do Eu Inferior está diretamente ligado aos outros padrões internos. O perfeccionismo cria regras rígidas que a obstinação defende com unhas e dentes. O Eu Crítico reforça a ideia de que qualquer mudança pode significar um erro fatal. O medo paralisa e impede que você saia da sua zona de conforto. E o orgulho resiste à mudança, pois admitir que há algo a ser transformado pode ser visto como falha.

EXERCÍCIO: PERCEBENDO A OBSTINAÇÃO E O CONTROLE

a) **Observe os momentos em que você quer que tudo seja do seu jeito**
A obstinação pode ser um sinal de resistência interna. No dia a dia, perceba em que momentos você sente dificuldade em ceder, em mudar de opinião ou em aceitar outras formas de fazer as coisas. Pergunte-se: "Eu preciso que tudo seja feito do meu jeito para me sentir seguro?", "Como reajo quando as coisas não saem como planejei?", "Tenho dificuldade em confiar no fluxo da vida e nas decisões dos outros?", "Eu quero obstinadamente que tal coisa aconteça e por isso não percebo os sinais de mudança de rota que a vida me mostra?".

b) **Registre seus pensamentos de controle**
   Anote frases que surgem quando você sente a necessidade de insistir, de provar seu ponto ou de garantir que tudo saia exatamente como você espera: "Melhor eu fazer, ninguém fará direito", "Não posso confiar nos outros, preciso resolver sozinho", "Se eu abrir mão do controle, as coisas vão dar errado", "Se eu não fizer, ninguém faz", "Tudo eu!", "Gente folgada!", "Vou gastar tanto tempo ensinando que prefiro fazer eu mesmo".

c) **Identifique a origem dessa necessidade de controle**
   Reflita sobre quando e por que essa rigidez começou a fazer parte da sua vida: em que momentos da sua infância você sentiu que não podia contar com os adultos? Precisou crescer muito rápido e ajudar em casa? Aprendeu que ceder significa ser fraco? O que você teme que aconteça se confiar mais no fluxo da vida?

d) **Libere a rigidez com confiança**
   Agora, reformule essas crenças com mais abertura.
   Frase da obstinação: "Se eu não estiver no controle, as coisas podem sair errado, e se isso acontecer, a culpa será minha e eu não me perdoarei".
   Nova perspectiva: "Posso confiar que nem tudo depende de mim. Ceder não significa perder, mas permitir que a vida flua. Confiar significa que, mesmo quando deu errado, isso é exatamente o certo para meu aprendizado".

Agora que você já conheceu os cinco principais aspectos do seu Eu Inferior, vamos para uma sugestão de exercício simples. Quando sentir desconforto emocional, faça uma pausa e se pergunte:

1. De quem é essa voz na minha mente? (Autoimagem idealizada, Eu Crítico, medo, orgulho ou obstinação?) Apenas acolha e pergunte: "Do que você está tentando me proteger?".

2. Será que esse perigo é real? Será que essa proteção ainda é necessária? Ou apenas se tornou um padrão repetitivo?
3. Se eu me tratasse com mais gentileza agora, o que eu diria a mim mesmo?

Essa mudança de perspectiva não acontece de um dia para o outro, mas cada vez que questiona essas falas condicionadas, você enfraquece o poder do Eu Inferior e fortalece o Eu Observador. Lembre-se: você não precisa ser perfeito. Você precisa ser inteiramente humano, mesmo com todas as suas contradições.

Ao longo da vida, construímos um castelo interno para nos proteger da dor emocional. Tijolo por tijolo, ergueram-se muralhas feitas de perfeccionismo, críticas internas, medo, orgulho e obstinação. Essa fortaleza foi essencial na infância, pois nos ajudou a suportar as frustrações e a garantir um senso de segurança emocional. No entanto, aquilo que antes servia como abrigo, na vida adulta se torna uma prisão. O medo de falhar, de ser rejeitado ou de enfrentar a vulnerabilidade nos mantém enclausurados dentro dessas paredes emocionais, repetindo antigos padrões de autopreservação. Cada parte do Eu Inferior tem um papel fundamental nessa fortaleza defensiva.

O perfeccionismo ergue as muralhas, tentando garantir que nada de ruim aconteça, que sejamos sempre impecáveis e dignos de aceitação. O Eu Crítico é o soldado na torre de vigia, atento aos deslizes, pronto para punir qualquer falha percebida. O medo é o alicerce oculto, que sustenta toda essa estrutura e reforça a crença de que sem essas defesas estaríamos vulneráveis e expostos. O orgulho é a bandeira hasteada no topo do castelo, a qual garante que ninguém veja nossa fragilidade, pois admitir erros ou pedir ajuda pode ser interpretado como fraqueza. E a obstinação é a ponte destruída, que impede qualquer mudança, visto que se abrir ao novo poderia representar um risco desconhecido.

Mas e se, em vez de reforçarmos essas defesas, pudéssemos olhar para elas com compreensão? O Eu Observador nos permite enxergar esse castelo pelo que ele realmente é: uma construção baseada na necessidade de proteção, mas que pode ser desmontada com paciência, consciência e acolhimento. Em vez de levantarmos novas muralhas, podemos construir pontes, permitindo-nos atravessar para além dos padrões que nos aprisionam e nos abrir para viver com mais autenticidade e liberdade.

Na próxima etapa, adentraremos o castelo e olharemos para as feridas emocionais que ele tentou proteger. Lá dentro, encontraremos nossa criança interna, guardando suas dores e necessidades não atendidas. Somente quando reconhecemos essa parte de nós, damos a ela permissão para se libertar e nos mostrar a joia escondida.

A jornada do amadurecimento precisa integrar o Eu Inferior e o Superior de maneira consciente para que nos tornemos um ser humano inteiro e pleno. Agora que aprendemos as principais facetas do Eu Inferior, como ele se manifesta e quais questionamentos precisamos fazer para conhecê-lo de maneira mais aprofundada, para aceitá-lo e para acolhê-lo apropriadamente, estamos aptos a partir para o encontro com a criança ferida que carregamos conosco. No próximo capítulo, vamos aprender a identificar nossas necessidades emocionais que não foram atendidas na infância – e, agora como adultos e com ferramentas adequadas, a atendê-las com o amor que merecemos.

7. AS NECESSIDADES EMOCIONAIS NÃO ATENDIDAS

Acolher a criança interior significa validar as dores e oferecer a ela o que um dia faltou.

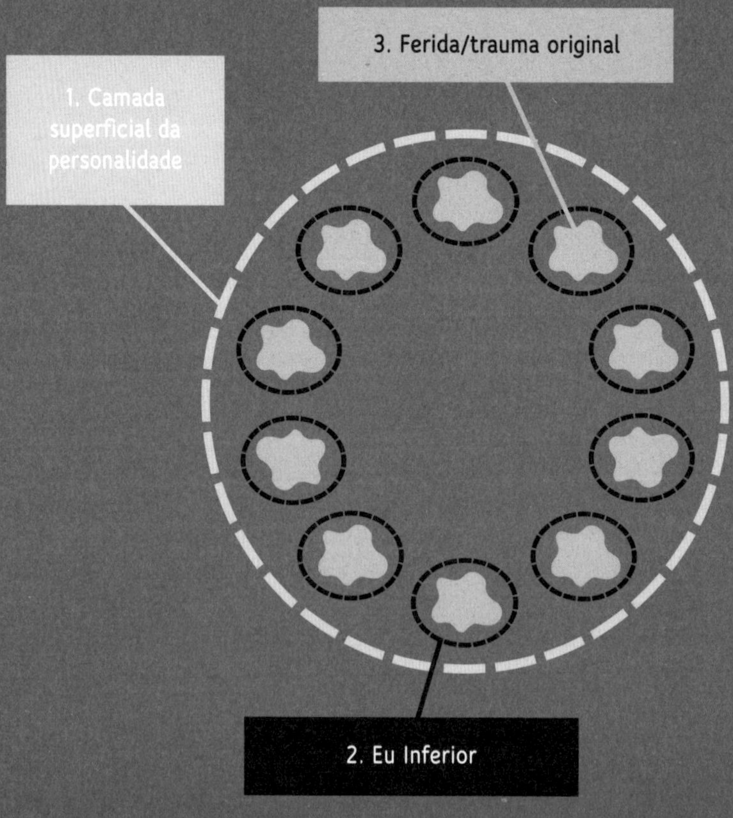

No capítulo anterior, exploramos algumas camadas do Eu Inferior, reconhecendo como a autoimagem idealizada, o Eu Crítico, o medo, o orgulho e a obstinação operam como mecanismos de defesa ou estratégias de sobrevivência que nos mantêm presos dentro das muralhas que edificamos para nos proteger. Agora, seguimos para um nível mais profundo da nossa psique: o núcleo sobre o qual essas barreiras foram erguidas – o território das necessidades instintivas primárias que não foram plenamente atendidas na infância.

Se o Eu Inferior é o castelo fortificado, suas muralhas foram erguidas para resguardar o núcleo onde as feridas, criadas a partir de necessidades não atendidas, estão confinadas, mantidas fora do alcance da nossa consciência. Na infância, quando nosso ego ainda é imaturo e não possuímos recursos psicológicos para processar o que acontece ao redor, a única alternativa é construir defesas rudimentares para evitar sentir algumas dores que parecem insuportáveis.

Nossa psique aciona um mecanismo automático de sobrevivência porque, naquele momento, sentir tais experiências seria avassalador. Algumas crianças enfrentam traumas intensos, como abusos físicos ou emocionais, e, para seguir adiante, o único recurso disponível é congelar, dissociar ou bloquear a memória do evento. Outras viveram em ambientes tensos, imprevisíveis, nos quais a negligência, a ausência ou segredos constantes criaram uma sensação de insegurança crônica, uma dor diluída ao longo do tempo, às vezes difícil de ser detectada por não ser marcada por eventos pontuais, mas igualmente impactantes.

Quando nossas necessidades instintivas fundamentais não são atendidas, nosso sistema ativa mecanismos de autoproteção. Sem um ego adulto e recursos internos para lidar com essas experiências, a única alternativa é construir estratégias defensivas que nos ajudem a evitar o sofrimento. Para garantir a aceitação e minimizar ameaças, aprendemos a nos adaptar, a evitar conflitos, a buscar a perfeição ou a manter uma postura rígida e controladora. No entanto, ao fazermos isso, nos desconectamos de nossa essência e das emoções mais profundas, reprimindo aquilo que ainda precisa ser visto.

Essa desconexão gera um estado de inconsciência sobre nossas verdadeiras necessidades. Quando negamos nossos instintos mais essenciais, criamos um conflito interno que gera tensão emocional e padrões de defesa rígidos, como armaduras pesadas. A energia psíquica, que deveria fluir livremente na busca pelo prazer, por segurança e por conexão, se reprime e distorce, manifestando-se como ansiedade, medos, compulsões ou bloqueios emocionais. A repressão do instinto de autopreservação nos leva a um estado hiperalerta, no qual o mundo se torna um lugar hostil e a vida, um campo de batalha.

Visando evitar essa dor, projetamos defesas para esconder e proteger nossas feridas emocionais. Assim, criamos dinâmicas compensatórias: buscamos ser perfeitos para sermos amados; nos tornamos fazedores compulsivos para nos sentirmos valorizados; ou ainda evitamos vínculos profundos para não correr o risco de sermos feridos. Cada uma dessas estratégias reflete uma tentativa inconsciente de suprir a necessidade original de amor, proteção e pertencimento – mas todas falham, pois apenas perpetuam a ilusão de que a solução está fora de nós.

Nosso Eu Inferior assume a função de guardião, zelando para que a dor infantil não venha à tona. Assim, desenvolvemos máscaras e padrões de comportamento que nos ajudam a navegar pelo mundo sem revelar nossa vulnerabilidade. Nós nos tornamos aqueles que resolvem tudo para os outros, aqueles que se sacrificam, aqueles que fazem de tudo para serem admirados – ou então aqueles que se fecham, que evitam a proximidade, que criam barreiras para impedir que alguém chegue perto demais. Alguns tentam preencher o vazio da conexão reprimida acumulando bens, status ou reconhecimento, enquanto outros se resignam a uma vida sem prazer, acreditando que desejar algo é errado ou perigoso. Em ambos os casos, continuamos presos ao passado, tentando encontrar no mundo externo o que só pode ser resgatado internamente.

O grande ponto de virada acontece quando conseguimos sair desse automatismo e enxergar a estrutura que nos governa. A dor que tanto tememos revisitar não é mais aquela dor avassaladora da infância. Hoje, temos um Eu Adulto capaz de acolhê-la. Quando nos permitimos sentir essas emoções com presença e maturidade, percebemos que, por trás das barreiras, há uma parte de nós esperando para ser vista e cuidada. Se antes usávamos nossas defesas para evitar o contato com a dor, agora podemos usá-las como portais para o autoconhecimento.

O caminho para a transformação exige coragem para soltar, pouco a pouco, as armaduras e confiar no nosso Eu Superior. Quando acessamos a verdadeira dor, atravessando nossos medos, descobrimos que ela é arraigada, mas suave. Não há mais desespero, apenas um convite para amparar o que sempre esteve ali, esperando para ser sentido, compreendido e liberado. A energia antes usada para manter as defesas começa a retornar à vida, e aquilo que outrora parecia pesado se transforma em um estado de maior liberdade e fluidez.

Não precisamos nos manter em uma prisão. No lugar, podemos transformá-la em um lar seguro para todas as partes do nosso ser. Mas, para isso, precisamos revisitar as memórias congeladas no tempo, reconhecer as dores infantis e identificar as necessidades que não foram atendidas. Somente ao sentirmos essas emoções com presença e compaixão dissolvemos as muralhas erguidas pelo medo e abrimos espaço para que a vitalidade flua novamente.

Cada sala escura desse castelo guarda uma história que precisa ser ouvida. E, ao iluminarmos esses espaços com a verdade, abrimos caminho para nos reconectar com nossa essência e para uma vida com mais presença, coragem e autenticidade.

As necessidades não atendidas não desaparecem com o tempo – apenas encontram novas formas de se expressar. Podemos percebê-las nas nossas relações amorosas, no ambiente profissional, na forma como lidamos com críticas e até na nossa espiritualidade. Muitas vezes, nossa busca por transcendência ou elevação espiritual é, na verdade, uma tentativa de escapar dessas feridas, em vez de curá-las.

O CAMINHO PARA A TRANSFORMAÇÃO EXIGE CORAGEM PARA SOLTAR, POUCO A POUCO, AS ARMADURAS E CONFIAR NO NOSSO EU SUPERIOR.

ENTRE O EGO E O SAGRADO
@PSICRISTINAFLORENTINO

ACESSANDO AS NECESSIDADES EMOCIONAIS NÃO ATENDIDAS

O caminho para reconhecer nossas necessidades emocionais começa no presente, observando nossas principais reclamações, exigências e frustrações diárias. Aquilo que mais nos incomoda nas relações e situações da vida adulta frequentemente carrega a marca de uma necessidade emocional não atendida na infância. Sempre que sentimos raiva, frustração, desamparo, rejeição ou injustiça, podemos nos fazer perguntas como: "Qual é a minha queixa principal?", "O que eu esperava receber dessa situação?", "O que eu gostaria que essa pessoa tivesse feito por mim?", "O que eu mais queria e não recebi?", "Qual é a minha maior exigência em relação a essa pessoa?".

Essas questões nos ajudam a decifrar o que ainda dói e a compreender que não estamos sofrendo apenas pelo momento atual, mas pela ativação de algo muito mais antigo. No entanto, não é possível acessar essas dores apenas com a mente. Para que essa compreensão seja verdadeira e transformadora, precisamos entrar em contato com os sentimentos que ficaram congelados no tempo. Eis a parte mais desafiadora e fundamental do processo de cura: seguir os sentimentos até a origem da dor.

As camadas protetivas que exploramos até aqui foram criadas justamente para impedir esse contato. Para a criança que fomos, acessar essa dor parecia perigoso, até mesmo insuportável. Mas agora, como adultos, temos recursos internos para acolhê-la sem sermos engolidos por ela. Os sentimentos indesejáveis não são ameaças, mas mensageiros da nossa história. O corpo sempre nos conta a verdade, e, quando nos permitimos senti-la sem julgamento, damos um passo essencial para a cura.

Por isso, ao escrever sobre suas dores e frustrações, permita-se sentir. Não tente analisar, corrigir ou resolver de imediato. Apenas observe o que surge, sem pressa, com gentileza e curiosidade. Se surgir raiva, tristeza, medo ou até mesmo resistência, encare essas emoções como parte do caminho.

Para ajudá-lo a aprofundar essa investigação, veja alguns exemplos de como queixas e frustrações atuais podem revelar carências emocionais da infância. Talvez você se reconheça em algum deles, ou quem sabe suas respostas surjam ao longo da leitura. O importante não é encontrar a resposta "certa", mas abrir espaço para sentir e compreender o que seu coração tem a dizer. Veja como a sua queixa pode ser um caminho para o sentir.

QUEIXA: "EU SEMPRE TENHO QUE FAZER TUDO SOZINHO. NINGUÉM SE IMPORTA DE VERDADE COMIGO!"

Possíveis reflexões: O que eu esperava receber dessa situação? Alguém que me apoiasse, que me ajudasse espontaneamente. O que eu gostaria que essa pessoa tivesse feito por mim? Que tivesse demonstrado que eu poderia contar com ela sem precisar pedir. O que eu mais queria e não recebi? O sentimento de ser amparado, de que minha existência era valorizada e protegida.

Possível origem: Na infância, a necessidade básica de segurança e suporte emocional não foi preenchida. Seu instinto de autopreservação foi distorcido, levando-o a acreditar que, para sobreviver, você precisava ser totalmente autossuficiente. Como não podia contar com os adultos para lhe prover estabilidade emocional, você desenvolveu a máscara do fazedor compulsivo, acreditando que, se desse conta de tudo sozinho e fosse reconhecido pelo seu esforço, encontraria alguma forma de segurança e controle sobre a vida. Mas, no fundo, tudo que você queria era ser cuidado, sentir que alguém estava ali para apoiar e proteger.

QUEIXA: "EU SEMPRE SOU O ÚLTIMO NA LISTA DE PRIORIDADES. NINGUÉM ME COLOCA EM PRIMEIRO LUGAR!"

Possíveis reflexões: O que eu esperava receber dessa situação? Que a pessoa demonstrasse que sou importante para ela. O que eu gostaria que essa pessoa tivesse feito por mim? Que tivesse me escolhido, que tivesse mostrado com gestos claros que sou valioso. O que eu mais queria e não recebi? A certeza de que sou especial para alguém e que meu valor não depende de esforço.

Possível origem: Sua necessidade de pertencimento e validação emocional não foi suprida na infância. Você se sentia invisível, só recebendo atenção quando era útil ou quando cumpria expectativas. Isso distorceu seu instinto de procriação e troca emocional, levando-o a crer que precisava merecer amor e reconhecimento. Para garantir que as pessoas o notassem, você adotou a máscara do "agradador", sempre colocando as necessidades dos outros acima das suas. Mas, no fundo, o quc você mais queria era ser escolhido e amado pelo que é, e não somente pelo que faz.

QUEIXA: "AS PESSOAS SEMPRE ME DECEPCIONAM. NINGUÉM FAZ POR MIM O QUE EU FAÇO POR ELAS!"

Possíveis reflexões: O que eu esperava receber dessa situação? Que o outro demonstrasse consideração e retribuísse meus esforços da mesma forma. O que eu gostaria que essa pessoa tivesse feito por mim? Que tivesse pensado em mim como eu penso nela. Que tivesse demonstrado gratidão e reciprocidade. O que eu mais queria e não recebi? A sensação de ser valorizado pelo que sou, e não pelo que faço pelos outros.

Possível origem: A necessidade de amor incondicional e reciprocidade foi frustrada na infância. Você aprendeu que o amor era condicional, que precisava sempre dar algo primeiro para então receber de volta. Isso distorceu seu instinto de troca e conexão, levando-o a crer que precisava controlar as relações para garantir que as pessoas não o abandonassem. Para lidar com essa insegurança, você adotou a máscara do controlador, acreditando que, se fizesse tudo certo e estivesse sempre disponível, poderia evitar a rejeição. Mas, no fundo, o que você mais queria era simplesmente ser amado sem precisar provar seu valor o tempo todo.

As queixas, reclamações e exigências que fazemos sobre os outros carregam marcas de necessidades não satisfeitas na infância. Sempre que nos sentimos rejeitados, desvalorizados ou sobrecarregados, há um pedido silencioso por trás: um desejo profundo de receber o que já nos faltou um dia. O primeiro passo para acessar a criança ferida é observar essas insatisfações recorrentes e segui-las até a origem.

Ao identificarmos essas necessidades e as defesas que criamos para lidar com elas, damos um grande passo para a transformação. Isso não significa que deixaremos de desejar amor, segurança ou pertencimento, mas sim que aprenderemos a nos nutrir emocionalmente, sem projetar no outro a responsabilidade de preencher nosso vazio. Quando assumimos tal responsabilidade, nossas relações se tornam mais autênticas e livres da expectativa inconsciente de que o outro nos salve.

Acolher nossa criança interior significa validar as dores e oferecer a ela, agora, o que um dia faltou. Esse é o verdadeiro caminho para romper ciclos de insatisfação e viver com mais liberdade, autenticidade e plenitude.

EXERCÍCIO: APROFUNDANDO O ENTENDIMENTO DA DOR

1. IDENTIFIQUE SUAS QUEIXAS RECORRENTES

Pegue um caderno e escreva as reclamações que mais aparecem em sua vida, especialmente nas relações mais próximas (familiares, amigos, parceiros, colegas de trabalho). Algumas perguntas podem ajudar:

- O que mais me frustra no comportamento dos outros?
- Sobre o que eu me pego reclamando repetidamente?
- O que sinto falta de receber das pessoas ao meu redor?

2. RECONHEÇA O SENTIMENTO POR TRÁS DA QUEIXA

Para cada reclamação, pergunte-se:

- O que essa situação me faz sentir?
- Se eu não pudesse culpar ninguém, o que sobraria?
- Se eu pudesse nomear essa sensação, como a chamaria?

Muitas vezes, por trás de irritação, impaciência ou frustração, estão sentimentos mais profundos, como tristeza, rejeição, medo do abandono ou solidão. É importante reconhecer essas emoções sem julgá-las, apenas observando o que surge.

3. PEÇA AJUDA AO SEU EU SUPERIOR PARA ENXERGAR A VERDADE

Agora, feche os olhos por um momento e leve sua atenção para dentro. Peça ao seu Eu Superior que revele a verdade por trás dessa queixa, com confiança e abertura. Você pode simplesmente dizer internamente:

Eu Superior, me ajude a ver a verdade por trás dessa queixa. Estou pronto para enxergar com clareza.

Em seguida, observe seu corpo:

- Onde essa emoção se manifesta fisicamente?
- Respire e permita-se sentir.
- Pergunte a si mesmo: "Quando foi a primeira vez que senti algo parecido?".

Talvez você perceba que essa dor já existia muito antes das situações atuais e que sua criança interior ainda espera por algo que nunca chegou.

4. ACOLHA SUA CRIANÇA INTERIOR

Depois de reconhecer a origem desse sentimento, imagine-se voltando no tempo e encontrando sua versão mais jovem. Observe essa criança, sinta a presença dela e pergunte:

- Do que você mais precisou naquele momento?
- Se eu pudesse lhe oferecer algo agora, o que seria?

Se sentir vontade, imagine-se segurando essa criança, dizendo a ela que agora está ali para cuidar dela. Esse momento de conexão pode ser muito poderoso. Se for difícil no início, apenas observe sem julgar. O simples ato de dizer internamente "Eu vejo você" já é um passo importante de acolhimento.

5. TRAGA ESSA CONSCIÊNCIA PARA O PRESENTE

Ao abrir os olhos e retornar ao momento presente, reflita:

- Como posso dar a mim mesmo aquilo de que precisei na infância?
- De que forma posso nutrir essa parte minha que ainda anseia por atenção, proteção ou reconhecimento?

Essa tomada de consciência abre espaço para que, em vez de buscarmos no outro o que nos faltou, possamos nos tornar a fonte de nutrição emocional que não tivemos. Assim, passamos de um estado de carência e frustração para um lugar de maturidade e autossuficiência emocional.

O CAMINHO PARA A CURA: RECONECTANDO-SE À VERDADE DO SER

De modo diferente do que acreditamos por muito tempo, o processo de cura de nossas feridas não acontece ao tentar esquecê-las ou substituí-las, mas sim ao reconhecê-las, acolhê-las e integrá-las. Elas são como portas que, quando atravessadas, nos levam de volta à nossa essência, onde está a pérola que tanto procuramos.

O Eu Observador, fortalecido em cada etapa, continua sendo nossa ferramenta mais valiosa aqui. Como um aspecto do Eu Superior, ele age como o rio que liga nossa personalidade ferida (o lago) à totalidade do nosso ser (o oceano). Esse olhar compassivo nos permite perceber nossas reações emocionais sem julgamento, acolhendo-as com curiosidade, sem resistência. No lugar de lutar contra nossa dor ou projetá-la no mundo exterior, aprendemos a escutá-la e a entender o que ela tem a nos revelar.

Aqui começa o caminho de volta à nossa verdade. Quanto mais aceitamos nossa história e nossa vulnerabilidade, mais fortalecemos esse fluxo de reconexão com nossa essência. O Eu Superior é a dimensão interna profunda que existe em cada um de nós, um núcleo divino, puro e intocado pelas experiências dolorosas ou negativas da vida. Segundo o Pathwork, o Eu Superior é a expressão da nossa verdadeira natureza espiritual, um centro de consciência expansiva que contém sabedoria ilimitada, amor incondicional e um sentimento genuíno de unidade com toda a existência. Ao contrário do ego, que frequentemente reage impulsivamente a partir do medo e da dor, o Eu Superior sempre responde com clareza, discernimento e compaixão.

Essa parte de nós sabe exatamente do que precisamos para crescer, nos realizar e encontrar significado profundo em nossa existência. Quando estamos conectados com o nosso Eu Superior, temos uma perspectiva ampla sobre a vida, conseguimos perceber a beleza e o propósito em todos

EIS A PARTE MAIS DESAFIADORA E FUNDAMENTAL DO PROCESSO DE CURA: SEGUIR OS SENTIMENTOS ATÉ A ORIGEM DA DOR.

ENTRE O EGO E O SAGRADO
@PSICRISTINAFLORENTINO

os desafios e experimentamos uma profunda paz interior, mesmo em meio às tempestades.

O Eu Superior se torna acessível à medida que permitimos que nosso rio flua novamente, dissolvendo os bloqueios emocionais e as crenças limitantes que nos mantêm desconectados dessa essência verdadeira. A travessia pelas feridas não é um desvio da jornada espiritual; é a própria jornada.

Agora, exploraremos como reconhecer e transformar nossas dores, passo a passo, criando um caminho de volta para casa, um caminho de volta para nós mesmos. Esse retorno à nossa essência é o reencontro com o Eu Superior, nossa morada interior, onde brotam a sabedoria mais profunda, nossa capacidade de amar e nossa verdadeira força espiritual.

Para exemplificar como acessar as feridas e necessidades emocionais, compartilharei com você alguns casos clínicos que revelam os padrões comuns que moldam tais feridas. Com o objetivo de chegar ao âmago das necessidades emocionais, é necessário primeiro explorar o lago, ou seja, a personalidade ferida. A sua queixa mais recorrente no momento presente oferece uma pista para essa jornada.

QUEIXA: "NINGUÉM FAZ NADA DIREITO, EU TENHO QUE RESOLVER TUDO SOZINHO"

Ricardo, 39 anos, engenheiro civil, casado e pai de dois filhos, entrou na sessão visivelmente tenso. "Eu não sei o que é me sentir tranquilo. Mesmo quando tudo está bem, fico esperando que algo ruim aconteça. Não consigo confiar na vida." Esse sentimento o acompanhava desde a infância, mas ele nunca tinha parado para questionar a origem. Quando perguntei: "E quando foi a primeira vez que você sentiu que precisava estar sempre alerta?", ele ficou em silêncio antes de responder: "Desde sempre. Eu nunca sabia o que esperar dentro de casa".

Essa resposta nos levou ao cerne de sua ferida: Ricardo cresceu em um ambiente caótico, onde nunca sabia como seus pais reagiriam. O pai, alcoólatra e agressivo, oscilava entre momentos de carinho e explosões de violência. A mãe, submissa e emocionalmente dependente, não oferecia proteção nem estabilidade emocional. Desde pequeno, Ricardo aprendeu a escanear o ambiente e prever qualquer sinal de perigo. Seu sistema nervoso nunca teve a chance de relaxar – ele estava sempre no modo de sobrevivência.

Na vida adulta, esse estado de alerta constante se manifestava em crises de ansiedade crônica, necessidade de controle e dificuldade em confiar nos outros. Ele evitava se aprofundar em relacionamentos por medo de se decepcionar. No trabalho, se sobrecarregava para evitar críticas. Mesmo quando estava tudo bem, sua mente criava cenários de desastre. A insegurança que viveu na infância continuava governando sua vida, porque seu corpo ainda reagia como se estivesse naquele lar instável.

Quando começamos a trabalhar essa questão, Ricardo percebeu que não era o presente que o ameaçava, mas sim as memórias emocionais que seu corpo carregava. A pergunta inicial – "Por que eu nunca consigo relaxar?" – se transformou em algo mais profundo: "Que parte de mim ainda acredita que o perigo está por perto?". Esse foi o primeiro passo para regular o sistema nervoso dele e começar a experimentar segurança, de dentro para fora.

Com o tempo, ele aprendeu que segurança não é ausência de risco, mas a capacidade de confiar que pode lidar com o que vier. Aos poucos, começou a desenvolver essa confiança em si mesmo, abandonando a necessidade de prever e controlar tudo. Pela primeira vez, Ricardo se permitiu respirar sem medo.

QUEIXA: "EU FAÇO TANTO PELOS OUTROS, E NINGUÉM RECONHECE!"

Carla, 42 anos, terapeuta e solteira, sentia-se invisível. Ela sempre se desdobrava para ajudar a família, os amigos e os colegas de trabalho, mas raramente se sentia valorizada. Sua frustração crescia cada vez que fazia algo por alguém e não recebia o reconhecimento esperado.

Quando perguntei: "O que aconteceria se você simplesmente dissesse 'não' e fizesse menos pelos outros?", ela respondeu quase sem pensar: "Mas e se acharem que eu sou egoísta? E se eu deixar de ser importante para eles?".

Essa resposta foi o fio condutor que nos guiou a entender seu sentimento e revelar sua ferida: na infância, Carla aprendeu que precisava merecer amor. Seus pais eram críticos e só demonstravam carinho quando ela se destacava ou os ajudava. Assim, desenvolveu um padrão em que seu valor estava condicionado ao que fazia pelos outros. Seu medo de não ser reconhecida escondia uma crença inconsciente de que, sem sua utilidade, ela seria descartada. A partir desse entendimento, Carla começou a se perguntar: "E se meu valor não depender do que eu faço para a família, mas simplesmente de quem eu sou?", "E se eu começar a priorizar as minhas necessidades em detrimento das dos demais?". Com o tempo, aprendeu a validar a si mesma, reduzindo sua necessidade de aprovação externa e criando relações mais equilibradas.

Meu desejo é que esses exemplos sirvam como ferramentas para ajudá-lo em seu processo de auto-observação e de identificação das próprias repetições, de suas queixas mais cotidianas, das águas paradas em seu lago. Também ofereço a seguir mais uma proposta de exercício prático para auxiliar no reconhecimento das feridas e necessidades emocionais.

EXERCÍCIO: ESCREVA UMA CARTA PARA SUA CRIANÇA FERIDA

O meu convite é para que você se reconecte com sua criança ferida através da escrita de uma carta, um poderoso exercício de acolhimento e integração. Ao colocar em palavras suas dores, reivindicações e necessidades não atendidas, você permite que essa parte de sua história seja ouvida sem repressão ou julgamento. Essa carta é um espaço seguro para que sua criança interior expresse plenamente tudo o que sente – dores, frustrações, indignações e desejos mais profundos. Permita que ela fale como se estivesse no momento em que mais precisou ser acolhida. Deixe que sua dor seja nomeada, que sua indignação seja ouvida, que suas frustrações sejam validadas. Apenas deixe fluir. Você pode fazer isso em quatro passos.

1. **Dê voz à sua criança:** deixe que ela expresse como se sente, sem filtros. Escreva no tempo presente, como se a criança estivesse falando agora. Por exemplo: "Eu me sinto sozinha, ninguém me escuta. Eu preciso de alguém que me proteja".
2. **Expresse compaixão:** depois de permitir que essa parte fale, responda com acolhimento. Reconheça sua dor e valide seus

sentimentos: "Eu vejo o quanto você se sentiu sozinha. Você era somente uma criança. Agora estou aqui!".

3. **Honre suas estratégias de sobrevivência:** reforce que, apesar da dor, sua criança desenvolveu formas de lidar com o que aconteceu. Agradeça a ela por ter encontrado maneiras de seguir adiante, mesmo que tenham sido dolorosas ou limitantes. "Eu entendo por que você precisou se tornar tão rígida. Você achou que, sendo perfeita, seria amada e protegida, mas essa estratégia não está funcionando, não é mesmo?"
4. **Por fim, ofereça uma nova perspectiva:** agora que você é um adulto com mais recursos internos, diga à sua criança o que ela precisa ouvir. Conte a ela que hoje você está aqui para protegê-la. Reafirme que ela não está mais sozinha e que agora pode se sentir segura. "Hoje eu sou adulta, nós crescemos e deu tudo certo. A partir de agora, eu sempre estarei com você. Você não precisa mais carregar esse peso."

A RESSIGNIFICAÇÃO: RECONSTRUINDO SUA HISTÓRIA INTERNA

O ato de escrever é capaz de gerar imagens poderosas na mente. Assim, a escrita da carta auxilia no exercício da visualização, que é uma ferramenta eficaz para remodelar o sistema nervoso e fortalecer a conexão com sua criança interior. Se houver uma memória marcante de dor, feche os olhos e imagine-se adulto naquela cena. Visualize-se protegendo a criança que você foi, intervindo e oferecendo a segurança que faltou no passado. Veja-se segurando a mão de quem lhe causou sofrimento e dizendo: "Não, ela é apenas uma criança".

Perceba a sensação de acolhimento e proteção que essa imagem pode trazer. Esse exercício não muda o passado, mas permite que seu sistema interno registre uma nova mensagem de segurança, reorganizando a experiência emocional. Para reforçar esse processo, você pode adotar pequenos rituais simbólicos, como segurar um objeto que represente sua criança, segurá-lo no colo ou simplesmente dizer a si mesmo: "Agora eu sou um adulto e estou aqui por você". Esse reconhecimento gera uma mudança sutil e profunda, sinalizando internamente que você não está mais sozinho.

Durante anos, sua criança interior pode ter carregado dores, reprimido mágoas, raiva ou tristeza para sobreviver. Agora, como adulto, você pode dar espaço para que esses sentimentos sejam expressos e liberados. Se sentir vontade de chorar, permita-se. Se perceber raiva, valide esse sentimento, reconhecendo que ele tem uma história e um motivo para existir. Honre sua criança interior, reconhecendo tudo o que ela suportou.

Você pode simbolizar essa liberação através de um gesto simples e significativo: acender uma vela, escrever e depois queimar o papel, ou escolher um objeto que represente sua criança e colocá-lo em um lugar especial, como um lembrete de que agora você está presente para ela. Escrever essa carta é apenas o início de uma relação contínua. Assim como qualquer vínculo, sua conexão com a criança interior se fortalece com o tempo. Sempre que sentir necessidade, você pode escrever novas cartas, desenhar, conversar com essa parte sua ou até simbolizar essa presença.

O importante é cultivar essa relação com paciência e disponibilidade, permitindo que sua criança se expresse e sinta que, agora, existe um adulto disposto a protegê-la. Pergunte a ela do que precisa e observe se já pode ir para o seu colo ou se ainda precisa de mais tempo. Não há pressa nesse processo; há apenas a certeza de que, quanto mais você a escutar e amparar, mais ela se sentirá segura para relaxar e confiar. Sua criança ferida não vai desaparecer; no lugar, ela se transformará à medida que for reconhecida e amada.

No próximo capítulo, daremos um passo além: aprenderemos a romper o ciclo inconsciente de recriação da dor infantil, transicionando do círculo vicioso da ferida para outro, desta vez virtuoso, do amadurecimento emocional. Assim como a ostra transforma um grão de areia em pérola, podemos transformar nossas dores em força e sabedoria. Com o Eu Observador no comando, reconhecemos que a vida é um fluxo contínuo entre momentos de pausa para sermos acolhidos e de receber incentivos para seguir adiante. A verdadeira liberdade nasce quando paramos de fugir do que dói e começamos a utilizar a dor como ferramenta para a nossa caminhada rumo à evolução.

PODEMOS TRANSFORMAR NOSSAS DORES EM FORÇA E SABEDORIA.

ENTRE O EGO E O SAGRADO
@PSICRISTINAFLORENTINO

8. ILUMINANDO O CICLO DA CRIANÇA FERIDA

A ferida da rejeição, quando curada,
torna-se a pérola da confiança.

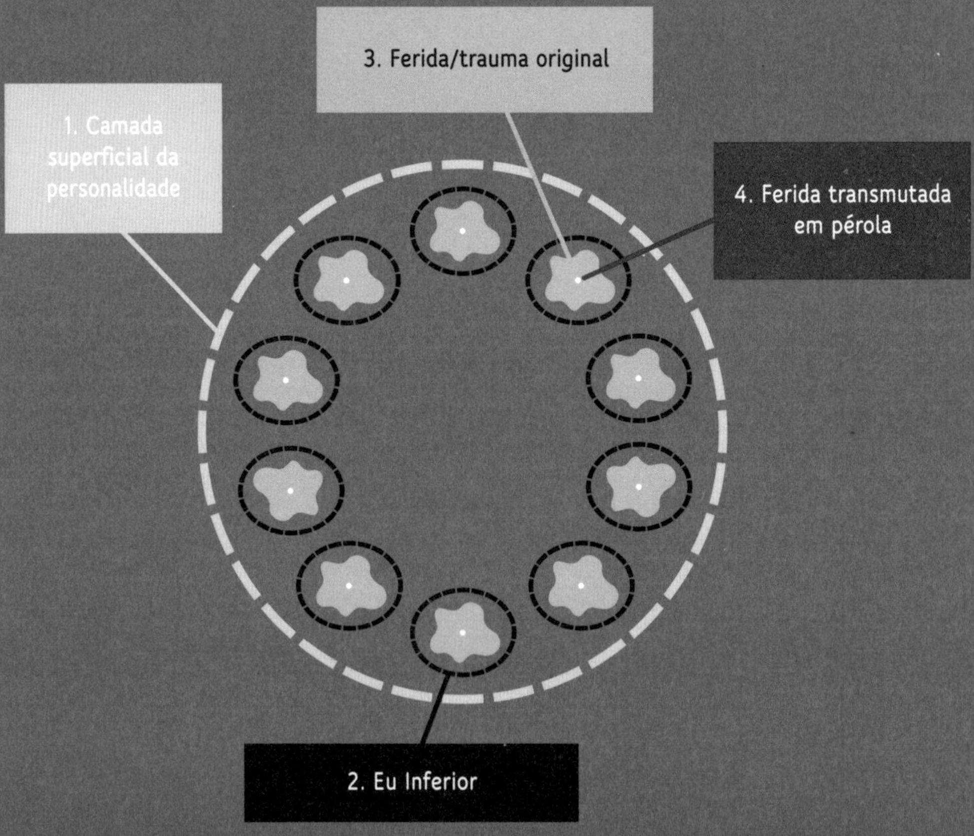

Ao longo de nossa jornada no método AdulteSer, fomos reconhecendo e desarmando camadas defensivas que nos afastavam da nossa verdade emocional. Depois de aprendermos a reconhecer nossas feridas e necessidades emocionais, adquirimos mais clareza. Agora, contando com um Eu Observador fortalecido, convido você a dar mais um passo essencial: olhar diretamente para as marcas da infância que moldaram crenças e comportamentos, perpetuando ciclos de dor e frustração. Após a identificação das dores, podemos nos aprofundar na análise delas.

Dentro de nós, a criança ferida ainda guarda um desejo intrínseco e inconsciente, que se revela em um pensamento simples: *Se eu me esforçar o suficiente, um dia serei amada da forma que desejo*. Essa esperança secreta nos acompanha na vida adulta, influenciando nossas escolhas e nos fazendo recriar, repetidamente, as mesmas dinâmicas emocionais. Na tentativa de preencher essa lacuna, desenvolvemos estratégias de sobrevivência das quais já falamos anteriormente – a busca pela perfeição, a necessidade de controle, a resistência à vulnerabilidade etc. Criamos máscaras, nos cobramos incessantemente e projetamos nossas demandas nos outros, na esperança de que alguém enfim nos ofereça aquilo que ficou faltando. No entanto, essa busca nos mantém presos ao ciclo de recriação da ferida infantil. A impossibilidade de voltar ao passado para corrigi-lo nos faz repetir as mesmas histórias no presente, em novas roupagens.

A dor original do passado, nunca acolhida, continua se manifestando no presente, alimentando frustrações e reafirmando a ideia de que nunca seremos plenamente amados ou aceitos. Sem perceber, seguimos buscando no mundo externo aquilo que, na verdade, só pode ser encontrado dentro de nós. Esta etapa do método AdulteSer nos convida a interromper tal repetição compulsiva, reconhecendo que a chave para a mudança está na nossa própria consciência.

Embora na infância tenhamos sido vítimas de circunstâncias sobre as quais não tínhamos controle, hoje a responsabilidade pela forma como lidamos com essas dores é apenas nossa. Continuar a recriar a história passada, revivendo padrões semelhantes e alimentando as mesmas feridas, não é mais uma imposição da vida, mas um ciclo que podemos transformar. O primeiro passo para essa mudança é abandonar a mentalidade de vítima e assumir a posição de responsável.

A pior forma de escravização da mente é sucumbir à crença de que tudo o que somos é resultado das ações dos outros. Quando nos prendemos a essa narrativa, nos sentimos impotentes, humilhados e sem força para enxergar novas possibilidades. Gastamos energia tentando mudar os outros, esperando que o mundo nos dê aquilo que faltou, em vez de reconhecermos que o caminho da cura está em agir de modo saudável no presente.

Isso não significa ignorar a dor ou negar os impactos do que vivemos. Em muitos momentos, pode ser necessário lamentar, expressar nossa raiva contra os pais, contra a família, contra a sociedade, e até mesmo contra Deus, a fim de liberar emoções reprimidas e tomar consciência de quanto ainda estamos presos à impotência e à desesperança. Mas permanecer nesse lugar, acreditando que somos apenas vítimas, é trair a verdade mais profunda do nosso ser: a de que somos cocriadores da nossa existência e agentes ativos do nosso despertar.

Embora não tenhamos escolhido de modo consciente nossas feridas infantis, elas fazem parte da nossa jornada de evolução. A alma encontra exatamente o contexto e a família necessários para desenvolver aspectos essenciais do ser. Quando compreendermos a vida sob essa perspectiva, nos tornaremos capazes de transformar a dor em sabedoria e crescer a partir dela. Estamos neste mundo limitado e dual, mas não pertencemos apenas a ele. Existe em nós uma força maior que nos sustenta e nos convida a manifestar a essência mais elevada, transformando as dificuldades em aprendizado e expansão.

O primeiro passo para sair dos ciclos de repetição é assumir responsabilidade pela nossa vida tal como ela se apresenta agora. O fio condutor que nos levará à nossa pérola não está no passado, nem em uma promessa de futuro, mas nos desafios que estamos enfrentando no agora. Se algo se repete em sua vida e continua trazendo sofrimento, é sinal de que há uma ferida pedindo para ser reconhecida.

Diferentemente da criança que fomos, hoje temos um ego adulto fortalecido e um Eu Observador que nos permite olhar para nossas emoções sem sermos tragados por elas. Isso significa que já possuímos os recursos necessários para acolher a dor que evitamos por tanto tempo e, por fim, dar um novo significado à nossa história.

A ideia aqui é identificar as principais camadas do ciclo da recriação da ferida, compreendendo como ele se expressa em nossa vida e de que forma podemos transformá-lo. Meu intuito é mostrar a você que é justamente nessa dor que reside a nossa força. A criança que aprendeu a sobreviver carrega dentro de si os recursos necessários para transformar sofrimento em sabedoria, escassez em abundância, rejeição em acolhimento. E, ao nos permitirmos sentir e integrar essas experiências, a casca começa a rachar, e a pérola – nossa verdadeira essência –, a brilhar.

"Que força sua dor trouxe para você?" Essa será a pergunta central desta etapa, guiando-nos ao encontro da potência que sempre esteve oculta sob as camadas de proteção que criamos para sobreviver.

O círculo vicioso da criança ferida nos mantém presos à repetição da dor, mas, ao reconhecê-lo, temos a oportunidade de transformá-lo. Podemos sair da ilusão de que seremos plenamente amados apenas quando formos perfeitos ou quando o outro mudar. A realidade da vida é feita de amor e frustração, de acolhimento e desafios. E é quando aceitamos essa dualidade que encontramos a verdadeira liberdade.

Se há algo que você sente que nunca recebeu, reflita: de que forma você pode oferecer isso a si mesmo? Que nova resposta você pode dar à vida? Ao assumirmos essa responsabilidade, rompemos o ciclo da repetição e acessamos o círculo virtuoso da consciência, no qual a dor deixa de ser um fardo e se torna uma ponte para nossa evolução. Desde cedo, as experiências emocionais moldam as lentes através das quais enxergamos a vida. Muitas dessas lentes foram construídas a partir de feridas que não conseguimos compreender quando pequenos.

A seguir, apresento o caso de Lucas como exemplo de recriação inconsciente de um círculo vicioso, com o objetivo de ajudar você a identificar, em sua própria jornada, como essas repetições podem se manifestar. Marido desconfiado, ele percebeu que sua dificuldade em confiar não era

SEM PERCEBER, SEGUIMOS BUSCANDO NO MUNDO EXTERNO AQUILO QUE, NA VERDADE, SÓ PODE SER ENCONTRADO DENTRO DE NÓS.

ENTRE O EGO E O SAGRADO
@PSICRISTINAFLORENTINO

um problema isolado, mas a repetição inconsciente de um padrão profundamente enraizado em sua história emocional. Ele acreditava que estava apenas reagindo ao comportamento da esposa, quando, na verdade, estava recriando uma dinâmica afetiva que sempre esteve dentro dele.

DO CÍRCULO VICIOSO PARA O CÍRCULO VIRTUOSO

Lucas, 43 anos, advogado, casado há seis anos e sem filhos, chegou à sessão visivelmente abalado. Ele me contou sobre a discussão da noite anterior com sua esposa. Tudo começou quando ela enviou uma mensagem dizendo que precisaria ficar até mais tarde no trabalho devido a uma reunião de última hora. Na mesma mensagem, ela mencionava: "Que pena! Preferia ir para casa, mas é algo de que preciso participar".

Porém, essa última parte da mensagem sequer foi assimilada por Lucas. Assim que viu a notificação no celular, seu corpo reagiu imediatamente. Na hora, sentiu um aperto no peito, a respiração ficou curta, um calor subiu pelo corpo, e a mandíbula travou. Ele sabia que aquilo não era normal, mas a raiva tomou conta de si. Os pensamentos dispararam em um turbilhão automático: "Ela sempre dá um jeito de cancelar nossos momentos juntos. O trabalho dela é mais importante do que eu. Se eu fosse prioridade, ela teria dito 'não' para essa reunião. Eu sou sempre deixado para segundo plano".

Antes mesmo de processar o que estava sentindo, Lucas respondeu à mensagem de maneira seca e ressentida. Logo depois, colocou o celular de lado e tentou se distrair, mas não conseguiu. Sua mente continuava revisitando a cena, relembrando todas as vezes em que se sentiu da mesma forma. Quando a esposa chegou em casa, ele mal olhou para ela. Sua vontade era fingir que ela não existia. Mas, ao mesmo tempo, queria que ela percebesse que ele estava magoado, e uma parte sua queria se vingar.

O que aconteceu depois foi previsível: a esposa, sem entender a mudança brusca no humor dele, perguntou se algo estava errado. Lucas, em vez de expressar o que realmente sentia, respondeu com frieza. Mas, internamente, esperava que ela insistisse, que provasse estar disposta a compensá-lo.

Quando ela, cansada do trabalho, apenas tomou um banho e foi dormir, Lucas sentiu uma dor ainda maior e pensou: "Está vendo? Eu sabia. Eu sou sempre a última opção".

Naquele momento, ele se sentia exatamente como na infância – esperando pela mãe, sentindo-se ignorado, sem saber quando ela voltaria. Mas ele não estava consciente disso. Tudo parecia ser sobre a esposa e seu trabalho, e não sobre o que ele carregava dentro de si. O círculo vicioso da criança ferida estava em ação: sua esposa estava cada vez mais distante, e a rejeição tão temida estava sendo recriada. Ele próprio contribuía para que isso acontecesse.

Lucas estava no círculo vicioso da criança ferida (inconsciência e repetição).

1. O DESEJO IMPOSSÍVEL

A criança deseja ser amada incondicionalmente e nunca mais sentir a dor ou a rejeição da infância. Surge a esperança inconsciente de que, se agir da maneira "certa", um dia esse amor virá. No caso de Lucas, seu desejo era nunca mais se sentir deixado para trás.

2. AS RESPOSTAS PROTETIVAS: O MARIDO PERFEITO E O TIRANO INTERNO

Para evitar a rejeição, é comum construirmos um mecanismo de autoproteção cuja manifestação é o perfeccionismo e a dependência da validação externa. No caso de Lucas, ele buscou se tornar **o marido perfeito**, sempre atento, dedicado e disposto a fazer tudo certo para evitar a repetição de sua ferida infantil.

Ele acreditava que, se fosse irretocável, se antecipasse todas as necessidades da esposa e nunca demonstrasse fraqueza, garantiria o amor e a permanência dela ao seu lado. As vozes desse marido perfeito ecoavam em sua mente: *Se você for sempre presente, atencioso e indispensável, ela nunca vai te deixar!*; *Se você for o melhor companheiro possível, ela sempre te escolherá primeiro, e assim nunca será rejeitado.*

Mas essa imagem idealizada exigia um esforço constante de Lucas e, a cada pequena falha, o tirano interno, seu Eu Crítico, surgia para lembrá-lo de que nunca era bom o suficiente: "Você se esforça tanto e, mesmo assim, ela continua te deixando para trás", "Você não deveria precisar dizer o que sente - se ela realmente te amasse, perceberia sozinha", "Se você fosse de fato importante, ela teria dito não para essa reunião!".

O problema dessa dinâmica é que o esforço para sustentar a autoimagem idealizada nunca é o suficiente. O marido perfeito vivia em uma busca exaustiva por controle e validação, enquanto o tirano interno surgia para criticá-lo de modo implacável quando a realidade não correspondia à expectativa.

Paradoxalmente, a tentativa de fugir das feridas emocionais acabava por provocar a repetição delas. Lucas não percebia que essa rigidez não o protegia da rejeição, apenas reforçava a insegurança ali presente. Ele estava preso em um jogo impossível de vencer: tentar ser impecável para garantir amor e se punir quando inevitavelmente falhava.

3. A FALHA IMINENTE E O SENTIMENTO DE INADEQUAÇÃO

Para todos nós, a perfeição é inalcançável. Não importa quanto Lucas tentasse, ele não conseguiria controlar tudo. Sua esposa tinha compromissos, sua rotina não girava em torno dele, e, mais cedo ou mais tarde, ele se viu exatamente no lugar de abandono que tanto tentara evitar. Ele fez tudo "certo", mas ainda assim sentiu a dor da rejeição.

O marido perfeito falhou. A crença de que se ele fosse suficiente nunca seria abandonado se desmoronou diante da realidade. Naquele momento, o tirano assumiu o controle e o encheu de acusações: "Viu? Você não é tão especial assim", "Se ela realmente se importasse, daria um jeito. Mas, claramente, você não é prioridade", "Você nunca vai ser amado do jeito de que precisa".

Quando o cenário se configura dessa forma, o esforço não basta, e surge um profundo sentimento de fracasso, culpa e vergonha. Lucas se sentia impotente, mas, em vez de expressar sua vulnerabilidade, se fechava ainda mais, afastando qualquer possibilidade de conexão verdadeira. Quanto mais exigimos do outro, menos recebemos.

4. A EXIGÊNCIA DE AMOR E A REPETIÇÃO DA DOR

Quando buscamos fora de nós a cura para um trauma antigo, pertencente às profundezas do nosso ser e ao passado, apesar de ainda ressoar no presente, acabamos por aprofundá-lo e, pior ainda, a exteriorizá-lo de modo a transferir nossa dor para o exterior, para o outro.

No processo de Lucas, sua dor o impulsionava a buscar validação externa. Mas, em vez de demonstrar explicitamente o que sentia, ele exigia da imagem da esposa – que existia apenas em sua mente – provas de amor: gestos e atitudes que ele acreditava que confirmariam seu valor em relação à esposa. "Se ela realmente me amasse, perceberia por conta própria quanto eu estou mal", "Se eu significasse algo, ela sentiria culpa por ter ficado no trabalho", "Ela deveria estar aqui, tentando consertar as coisas!".

No entanto, sua postura fechada, ressentida e fria contribuía para que acontecesse exatamente o contrário: ao não expressar suas emoções de maneira clara e objetiva, criava um distanciamento. Sua esposa não compreendia o que ele esperava dela, sentia-se sufocada e inevitavelmente se afastava. E assim, o que ele mais temia – ser rejeitado – começava a acontecer, mas não porque sua esposa não o amava, e sim porque sua dor o fazia recriar o afastamento, provocando a ideia errônea de que seus medos e suas inseguranças tinham respaldo na realidade.

5. O REFORÇO DA CRENÇA E A REPETIÇÃO DO CICLO

O afastamento da esposa confirmava tudo em que Lucas sempre acreditara: "No fim, ninguém fica de verdade", "Se eu fosse mais interessante, mais forte, mais qualquer coisa, ela estaria aqui", "Não adianta. No final, eu sempre acabo sozinho".

Mas, em vez de perceber que ele mesmo contribuía para essa dinâmica, Lucas se convencia de que precisava tentar ainda mais. Ele reforçava o ciclo, intensificando o controle, a desconfiança e a necessidade de validação, acreditando que, se se esforçasse o suficiente, um dia, finalmente, seria amado do jeito que precisava. O ciclo da criança ferida se retroalimentava, e Lucas seguia repetindo a mesma história, sem perceber que estava tentando suprir, no presente, uma ferida que pertencia ao passado.

Não há saída quando estamos presos nesses ciclos. Para mim, esse é o verdadeiro inferno na Terra: viver em total ignorância e inconsciência. A autorresponsabilidade se torna inviável. Como assumir a responsabilidade pelo que se ignora? Daí a importância da observação, do reconhecimento, da identificação e da elaboração e análise das necessidades emocionais, para que sejamos capazes de sair desse círculo e transformar o paradigma do círculo vicioso em círculo virtuoso.

O PROCESSO DE CONSCIENTIZAÇÃO

Na sessão, depois de ouvir o relato de Lucas, perguntei: "Agora, enquanto você me conta isso, como se sente neste momento?". Ele respirou fundo antes de responder: "Ainda sinto aquele aperto no peito... e uma coisa aqui na garganta, como se eu quisesse chorar, mas seguro o choro".

Então, questionei: "Se você pudesse dar espaço para essa sensação, colocar a atenção nela, o que aconteceria?". Ele simplesmente respondeu: "Tem um choro aqui... acho que tristeza...". Continuamos: "E essa tristeza... esse choro, que idade ele tem? Será que ele é só sobre ontem? Ou tem algo que vem de longe?". Lucas ficou em silêncio por um tempo. Seus olhos começaram a marejar.

"Eu me sinto pequeno... como se eu não importasse." A partir desse momento, Lucas começou a acessar sua dor original. Eu o estimulei para que prosseguisse no caminho da descoberta: "Essa sensação de ser pequeno e não importar te lembra algum outro momento da vida?". Ele apenas fechou os olhos e, devagar, disse: "Minha mãe... Quando eu era pequeno, ela viajava muito... Eu esperava por ela, às vezes na porta, e ela não voltava na hora que dizia que voltaria". O choro veio. O corpo dele se curvou de leve, como se a criança que um dia ele foi estivesse ali, presente na sala.

Delicadamente, eu disse: "Ahhh, é o Lucas pequeno, ele está de novo esperando a mãe na porta, e nada de ela voltar... E como o Lucas pequeno se sente?". Sua resposta foi: "Ele está confuso... ele quer que a mãe volte, mas não sabe quando. Ele acha que talvez ela não queira estar com ele".

Nesse momento, lancei a questão: "E se você pudesse falar com ele agora, o que diria?". Lucas respirou fundo e, ainda entre lágrimas, disse: "Que ele não fez nada de errado. Que ele não foi deixado por falta de amor".

Esse foi o momento da virada. Lucas, pela primeira vez, acessou conscientemente sua ferida da infância, sem fugir dela, sem projetá-la em sua

AS EXPERIÊNCIAS EMOCIONAIS MOLDAM AS LENTES ATRAVÉS DAS QUAIS ENXERGAMOS A VIDA.

esposa. Com essa nova percepção, fizemos juntos, na sessão seguinte, algumas perguntas para ajudar a reorganizar sua experiência emocional, por meio de reflexões como: "A experiência da minha vida com minha esposa justifica essa suspeita de que ela não se importa comigo? Ela já demonstrou, ao longo da nossa relação, que sou importante para ela? Eu realmente estou sendo rejeitado ou apenas estou sentindo algo que já senti antes?".

Lucas começou a perceber que sua reação automática não correspondia à realidade do presente. Sua esposa não era sua mãe. Se ele tivesse conseguido pausar naquele momento e acessar essa consciência, em vez de reagir impulsivamente, poderia ter dito algo como: "Eu gostaria muito de estar com você hoje, mas entendo que essa reunião é importante. Podemos marcar algo especial para amanhã?".

Essa resposta expressaria sua necessidade sem impor uma exigência ou criar um conflito. Quando conseguimos quebrar o círculo vicioso, a dor deixa de se repetir e passa a ser transformada, rumo ao círculo virtuoso. A ferida da rejeição, quando curada, torna-se a pérola da confiança. Lucas percebeu que a verdadeira segurança não estava em controlar o outro, mas em desenvolver um alicerce interno forte o suficiente para confiar no amor sem colocá-lo à prova o tempo todo. Da mesma maneira que a ostra não expulsa o elemento intruso de seu interior, mas secreta substâncias que o transformam em uma pérola, só é possível metamorfosear a dor quando paramos de fugir dela. É nesse acolhimento que encontramos a verdadeira cura.

RUMO AO CÍRCULO VIRTUOSO

Existem passos simples, mas eficazes, para deixarmos o círculo vicioso e adentrarmos o círculo virtuoso. Vamos a eles!

1. DESENVOLVER O EU OBSERVADOR

Conforme vimos anteriormente, o desenvolvimento do Eu Observador nos contempla com a autorregulação emocional e a tomada de decisões conscientes. Ao começarmos a perceber reações emocionais automáticas, devemos fazer uma pausa, observar e refletir antes de agir. Assim, no lugar de responder impulsivamente à mensagem da esposa, o correto seria que Lucas parasse, respirasse e observasse suas reações físicas. Assim, ele se daria conta de que estava reagindo com base em um medo antigo, e não na realidade do momento.

2. ACEITAR QUE A VIDA É FEITA DE MOMENTOS EDIFICANTES E DESAFIADORES

Ao compreendermos que a felicidade plena e constante não existe, que a vida é feita tanto de momentos edificantes quanto de outros mais desafiadores, que sentir dor não significa ser rejeitado, e que aceitar essa dualidade nos leva à verdadeira liberdade, percebemos que não precisamos nos proteger tanto da dor, porque, como adultos, podemos suportá-la sem sermos destruídos.

3. QUESTIONAR OS GATILHOS E SEGUIR O FIO CONDUTOR

Se, em vez de nos alimentarmos de pensamentos obsessivos, exercitarmos perguntas simples, como: "O que estou sentindo agora? De onde vem essa dor?", podemos facilmente chegar à conclusão de que os medos e as inseguranças não têm raízes no presente, mas no passado. Lucas, por exemplo, percebeu que sua esposa não era sua mãe, e que o medo do abandono residia na infância, e não na fase adulta.

4. EXPRESSAR A PRÓPRIA VULNERABILIDADE

Compartilhar com o outro a nossa vulnerabilidade é um ato capaz de criar vínculos, enquanto a reação fria e punitiva gera apenas distanciamento e desconexão. Se Lucas tivesse comunicado seus sentimentos de maneira autêntica, dizendo algo como: "Eu percebo que, quando você precisa trabalhar até mais tarde, algo dentro de mim sente medo de ser deixado de lado. Mas eu sei que isso não significa que você me ama menos", ele aprofundaria a conexão com sua esposa e evitaria um distanciamento ainda maior.

5. CRIAR O CÍRCULO VIRTUOSO: TRANSFORMAR A DOR EM SABEDORIA

Quando esse passo é dado e a transformação acontece, a ferida original não precisa mais ser evitada ou recriada, mas acolhida. A rejeição infantil se transforma na pérola da confiança. O verdadeiro amor não se baseia em controle, e sim em presença e autenticidade. Com essa consciência, é possível começar a viver relações mais saudáveis e equilibradas.

A DESCOBERTA DA PÉROLA: O MILAGRE DA TRANSFORMAÇÃO INTERIOR

O encontro com nossa pérola exige que deixemos de ver a ferida como castigo, a fim de encontrarmos nela a maior lição: o que antes era uma busca desesperada por controle agora se torna a oportunidade de aprender a confiar. A dor se torna um portal para a própria evolução e prepara você a transcender o ego e a confiar em seu próprio adulto.

No caso de Lucas, pela primeira vez, no lugar de esperar que o mundo externo provasse seu valor, ele se voltou para dentro e encontrou uma presença acolhedora: ele mesmo. Compreendeu que não era mais aquela criança abandonada esperando pela mãe na porta, e que, como adulto, poderia estar ali por si próprio. Esse foi um grande marco.

Ao observar suas reações, Lucas percebeu algo ainda mais profundo: a dor que acreditamos que os outros nos causaram é a mesma dor que, inconscientemente, infligimos a nós mesmos e aos outros. Ao longo dos anos, sem perceber, ele rejeitava a própria esposa da mesma forma que temia ser rejeitado. Sua frieza, suas cobranças e sua necessidade de controle criavam uma barreira que, no fundo, era um espelho daquilo que ele mais temia.

E então veio a grande revelação: a verdadeira dor nunca esteve em não ter recebido amor suficiente, mas em não ter conseguido dar esse amor de maneira plena. A maior ilusão da criança ferida é acreditar que, porque não recebeu algo na infância, não pode oferecer esse mesmo algo agora. Porém, a partir de uma perspectiva psicoespiritual, essa crença nos mantém presos ao passado e nos impede de acessar nosso verdadeiro potencial. O Eu Superior não vive a partir da escassez, mas da abundância – ele sabe que nada falta pois é a própria conexão com a fonte de todas as coisas. Se nos faltou cuidado, não significa que não tenhamos cuidado para oferecer.

Claro que, no início da jornada, podemos tender a cuidar compulsivamente dos outros, já que a negligência nos lembra da própria dor reprimida. No entanto, à medida que nos curamos, percebemos duas verdades fundamentais: primeiro que, inevitavelmente, também descuidamos de vínculos importantes, pois tendemos a reproduzir, muitas vezes sem perceber, a mesma dor que vivemos; e segundo, que aquilo que mais nos feriu pode se tornar a nossa maior pérola, pois é justamente onde fomos machucados que reside o nosso talento mais profundo.

A verdadeira transformação acontece quando assumimos a responsabilidade pelo nosso próprio descuido. Em alguma medida, sempre fazemos a nós mesmos aquilo que percebemos que foi feito conosco. Mas, ao integrarmos essa consciência, passamos a nos cuidar com mais presença e compaixão, tornando-nos o pai e a mãe internos que nossa criança ferida tanto esperou. Assim, o que antes parecia uma carência irreparável se transforma em um presente genuíno para o mundo. O amor que um dia buscamos desesperadamente passa a fluir através de nós, e, em vez de permanecermos presos às nossas faltas, descobrimos que o que nos preenche de verdade não é o que recebemos, mas sim o que conseguimos oferecer. Lucas começou a se perguntar: "Como posso oferecer confiança antes de desconfiar?", "Como posso aceitar minha esposa exatamente como ela é, em vez de exigir que ela me prove algo?", "Como posso me oferecer segurança interna sem depender das circunstâncias externas?". E então ele entendeu. O verdadeiro milagre da transformação acontece quando paramos de esperar que o outro nos complete e, assim, sem tantas expectativas projetadas, começamos a transbordar. A pérola da confiança nasceu quando Lucas percebeu que ele mesmo poderia ser a fonte daquilo que sempre buscou nos outros. Quando ele fez esse movimento interno, encontrou algo que nunca imaginou que teria: paz.

Esse é o ponto de transição entre a limitação do ego e a liberdade do espírito. Quando paramos de exigir do mundo o que sentimos que nos falta e passamos a oferecer aquilo que parecia inexistente, algo se abre dentro de nós. De repente, percebemos que a nossa dor mais arraigada guarda dentro de si o nosso maior dom. A rejeição se transforma em aceitação. A desconfiança se transforma em entrega. A carência se transforma em abundância.

Esta é a verdadeira transcendência do ego: não eliminar a dor, mas integrá-la, reconhecendo que nela há um presente esperando para ser descoberto. Este é o verdadeiro despertar: não a fuga do sofrimento, mas a capacidade de transformar a dor em amor e serviço. E é isso que nos prepara para a última etapa do método, na qual finalmente aprenderemos a transcender o ego e a nos tornar canais para algo maior.

EXERCÍCIO: IDENTIFICANDO SEU CICLO DE REPETIÇÃO E DESCOBRINDO SUA PÉROLA

Este exercício foi criado para ajudá-lo a reconhecer os padrões inconscientes que moldam suas reações emocionais e para levá-lo à descoberta da sua pérola interior – o dom escondido por trás da sua maior dor.

1. IDENTIFICANDO SEU CICLO DE REPETIÇÃO

Pense em uma situação recente que tenha lhe causado um grande desconforto emocional – pode ser um conflito no trabalho, em um relacionamento ou até mesmo uma preocupação sua.

O que aconteceu exatamente? Descreva a situação como um observador, sem julgamentos. Como você reagiu (física, mental e emocionalmente)? Se você pudesse resumir sua reação em uma frase automática, qual seria? ("Isso sempre acontece comigo", "As pessoas não me valorizam", "Eu nunca sou prioridade" etc.). Essa reação se parece com algo que já aconteceu antes?

Reflita: você percebe um padrão se repetindo em sua vida? Esse mesmo tipo de frustração já aconteceu antes, em diferentes momentos e com diferentes pessoas?

2. ACESSANDO A FERIDA ORIGINAL

Agora que você identificou um padrão, vamos buscar a origem emocional dessa dor. Quando, na infância ou adolescência, você já se sentiu assim? Quem eram as pessoas envolvidas nessa memória? Qual era o seu maior medo ou a sua maior necessidade não atendida na época? Como essa criança que você foi tentou lidar com isso?

O VERDADEIRO AMOR NÃO SE BASEIA EM CONTROLE, E SIM EM PRESENÇA E AUTENTICIDADE.

ENTRE O EGO E O SAGRADO
@PSICRISTINAFLORENTINO

3. ENCONTRANDO A PÉROLA

Agora vem o grande momento: a transformação da ferida em pérola.

Qual força essa dor fez você desenvolver? Como sua maior dificuldade esconde um presente valioso dentro de você? O que você pode oferecer ao mundo a partir dessa experiência? Se você pudesse falar com sua criança interior agora, o que diria para ela?

Permita-se sentir essa nova perspectiva. Você não precisa mais lutar contra sua dor. Ela é parte de você, mas não define quem você é.

4. CRIANDO UM NOVO CAMINHO

Agora que você identificou seu círculo, acessou sua ferida original e encontrou sua pérola, é hora de quebrar o padrão e escolher um novo caminho.

Como pode agir diferente na próxima vez que essa situação surgir? Que escolha consciente pode fazer para não repetir o ciclo? Como pode oferecer a si mesmo aquilo que sempre esperou dos outros? Como pode transbordar sua pérola para o mundo? Escreva um compromisso consigo mesmo. Algo como:

A partir de agora, escolho transformar minha dor em sabedoria. Em vez de reagir automaticamente, vou me observar e lembrar que já não sou mais aquela criança. Tenho tudo dentro de mim para dar um novo significado à minha história.

ACESSE O QR CODE E DESBLOQUEIE UMA MEDITAÇÃO EXCLUSIVA!

www.crisflorentino.com.br/meditacao-crianca

Neste capítulo, tomamos consciência da dualidade inevitável da vida e do ciclo repetitivo das nossas feridas emocionais, compreendendo que a verdadeira liberdade surge quando conseguimos transformar esse padrão inconsciente em um movimento de amadurecimento. A pérola está dentro de cada um de nós, mas só podemos acessá-la quando deixamos de buscar no externo a reparação do passado e passamos a assumir a responsabilidade pelo nosso presente. No próximo capítulo, aprofundaremos esse processo, aprendendo a dialogar com as diferentes partes dentro de nós, reconhecendo nossas vozes e compreendendo como cada uma delas influencia nossas escolhas e nosso caminho de autotransformação.

9. A INTEGRAÇÃO DAS PARTES INTERNAS

O Eu Superior traz clareza, paz e um senso de unidade com algo maior.

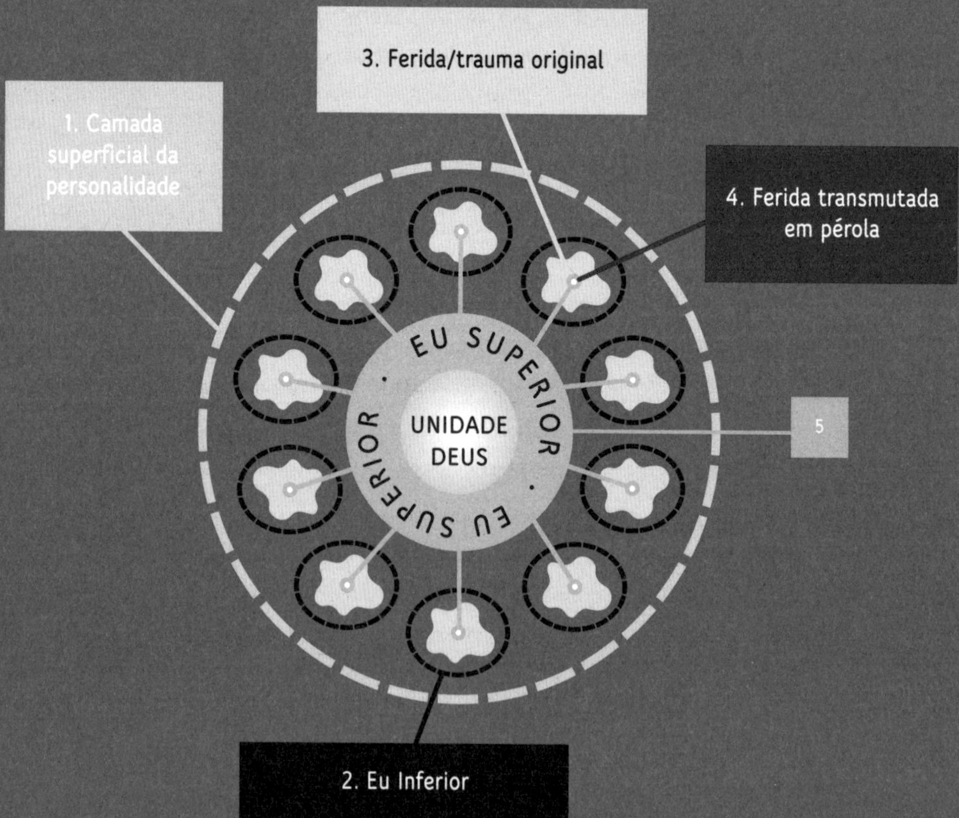

Até aqui, percorremos um caminho de autodescoberta e transformação, identificando reações automáticas, acessando as necessidades infantis não atendidas e compreendendo como a criança ferida recria sua dor no presente. Agora que já aprendemos a aceitar a dualidade da vida e a converter o círculo vicioso em virtuoso, é hora de aprofundarmos essa jornada. Vamos juntos dar um passo além no processo de amadurecimento, para escutar e integrar as diferentes vozes que coexistem na nossa psique.

Dentro de nós coabitam diferentes aspectos que influenciam nossos pensamentos, emoções e escolhas. A criança ferida carrega o desejo intenso de ser amada incondicionalmente e teme qualquer forma de frustração ou rejeição. Durante muito tempo, eu mesma não percebia quanto essa parte de mim influenciava minha maneira de me relacionar com os outros, com a vida e até mesmo com Deus. No meu processo de amadurecimento emocional, foi um divisor de águas me conectar com essa criança, ouvi-la e compreendê-la. Eu não fazia ideia da quantidade de dor, amor e vitalidade que existia ali. Mas ao redor dela encontrei outra camada – o Eu Inferior, que abriga um complexo de defesas e estratégias de sobrevivência.

Confesso que, por muito tempo, eu não tinha consciência da força do meu próprio orgulho e da minha obstinação. E é curioso perceber como esses aspectos se manifestam, muitas vezes, disfarçados de virtudes. Durante a época em que eu vivia em um caminho espiritual mais exigente, eu acreditava que minha busca por ser impecável era virtuosa. Mas, com o tempo, comecei a notar os sinais sutis de que esse desejo de ser impecável também vinha do meu Eu Inferior.

No entanto, ao mesmo tempo, eu sabia que havia ali um desejo genuíno de dar o meu melhor, de me entregar com afinco ao caminho espiritual. E então algo muito profundo se revelou para mim. Imagine o que é, depois de tanto tempo de autoexigência, de perfeccionismo, de rigidez, perceber que eu poderia ser imperfeita e, ainda assim, amada por Deus! Essa percepção foi não apenas libertadora, mas um divisor de águas na minha jornada. Toda a força da autoimagem idealizada começou a perder seu poder sobre mim. O Eu Crítico, que sempre me dizia que eu precisava ser impecável para merecer amor e aceitação, perdeu sua autoridade. E, no lugar, algo muito mais verdadeiro surgiu: um Eu Observador compassivo, capaz de reconhecer tanto minha luz quanto minhas sombras, sem precisar negá-las ou transformá-las em uma batalha interna.

No Eu Adulto, o Eu Inferior e o Eu Superior coexistem. Foi essencial reconhecer que, junto dessa necessidade de controle e perfeição, havia também um chamado autêntico para a expansão da consciência. Mas enquanto eu não conseguia diferenciar um do outro, minha rigidez e minha autoexigência acabavam abafando a verdadeira devoção, transformando a espiritualidade em um campo de batalha interno.

Comecei a perceber que dentro de mim existia um grande *Mahabharata*,[13] uma guerra travada entre forças opostas – meu desejo genuíno de crescer espiritualmente e as armadilhas do orgulho, da autossabotagem e da ilusão da separação. A cada passo na jornada, meu Eu Superior sussurrava suavemente para que eu confiasse, me entregasse, permitisse o fluxo natural da vida. Mas, ao mesmo tempo, meu Eu Inferior brandia suas armas, resistindo, tentando moldar o crescimento espiritual com rigidez e controle.

Uma das formas mais evidentes de perceber isso era a tensão constante no meu corpo. Havia um estado de contração, de vigilância permanente, como se eu precisasse provar minha devoção a todo instante. Eu me cobrava disciplina e entrega, mas, ao mesmo tempo, ignorava os sinais claros de desvitalização: preguiça disfarçada de contemplação, cansaço excessivo justificado como "provações espirituais" e dificuldade de simplesmente pausar sem culpa. O autocuidado era negligenciado, pois, afinal, o corpo "não era tão importante" – uma ilusão perigosa que muitos acabam reforçando.

---

[13] O *Mahabharata* é um dos textos épicos mais antigos da Índia e narra a grande batalha entre os Kauravas e os Pandavas, que simboliza o conflito interno humano entre a ilusão e a verdade, o medo e a confiança. Nessa história, o *Bhagavad Gita* revela que a verdadeira guerra não é externa, e sim a jornada de autotransformação e alinhamento com o propósito da alma.

Minha alimentação era vegetariana, mas carregada de farinhas e açúcares, sem real preocupação com a nutrição. A falta de atividade física era racionalizada como desapego do mundo material, quando, na verdade, era um afastamento do próprio corpo. A negação do prazer e do descanso saudável me fazia acreditar que estava em processo de transcendência, quando, na verdade, uma parte em mim estava em fuga – não apenas das necessidades carnais, mas da própria vida.

Mas quando seria o momento de levantar a bandeira da paz? De avançar no caminho do desenvolvimento sem precisar guerrear contra mim mesma? Por quanto tempo mais desperdiçarei minha vitalidade lutando ou excluindo minhas sombras, como se fossem inimigas a serem vencidas ou demônios a serem banidos, quando, na verdade, são partes de mim que apenas precisam ser vistas, compreendidas e integradas?

Foram essas perguntas que me fizeram perceber que a verdadeira evolução não acontece pela imposição, mas pelo encontro. Eu não tinha que eliminar partes de mim, apenas me sentar à mesa com elas, ouvir suas vozes e compreender que, em vez de campos inimigos, somos partes de um mesmo reino interno.

Era chegado o momento de permitir que o Eu Adulto amadurecido atuasse como um mediador, não como um soldado em batalha. Era hora de substituir o conflito pela escuta, a resistência pela aceitação, a luta pela integração. Afinal, qual revolução pode ser mais verdadeira do que aquela que acontece dentro de nós, quando deixamos de brigar com quem somos e finalmente encontramos paz?

Com o tempo, percebi que a espiritualidade que não passa pela purificação do Eu Inferior gera incoerências profundas. Isso não desqualifica as experiências autênticas de expansão da consciência que o Eu Superior proporciona – pelo contrário, mostra que elas podem coexistir com aspectos ainda não transformados da personalidade. No entanto, quando essa purificação não acontece, a própria jornada espiritual pode se tornar uma armadilha do orgulho, um disfarce para estratégias inconscientes de controle e autoafirmação.

Perceber essas vozes dentro de mim foi essencial para entender que elas nem sempre estão em harmonia. O Eu Adulto, que poderia atuar como

NO EU ADULTO,
O EU INFERIOR E
O EU SUPERIOR
COEXISTEM.

ENTRE O EGO E O SAGRADO
@PSICRISTINAFLORENTINO

mediador, frequentemente é contaminado pelas tempestades emocionais da criança ferida e pelas estratégias de defesa do Eu Inferior. Ele oscila entre tentar controlar e evitar a dor, sem perceber que sua verdadeira força não vem da repressão, mas da integração dessas partes. É por isso que o Eu Adulto precisa ser reeducado e fortalecido, a fim de sustentar esse diálogo interno de maneira madura e equilibrada.

SILENCIAR PARA OUVIR

Agora, talvez você se pergunte: "Como criar esse espaço de escuta e mediação dentro de nós?". Aqui entra a meditação, mas não qualquer tipo dela. Nesta abordagem psicoespiritual, a meditação une transcendência e auto-observação compassiva, conectando estados expandidos de consciência ao processo de harmonização das nossas dinâmicas internas. Ela é uma técnica ativa de diálogo interno, que proporciona um espaço no qual conseguimos dar voz a todas essas partes, permitindo que se expressem, sejam compreendidas e, pouco a pouco, se integrem.

Afinal, meditar não significa nos desconectarmos do que somos, mas sim nos tornarmos mais presentes para nós mesmos. Quando usamos a meditação como ferramenta de escuta, entramos em um estado de auto-observação compassiva, no qual cada voz pode ser reconhecida sem que uma precise necessariamente silenciar a outra. Devemos permitir que o Eu Adulto, aliado ao seu observador compassivo, assuma sua posição de mediador e crie um espaço de integração, no qual o Eu Superior possa se manifestar de maneira mais plena.

A meditação pode acontecer em diferentes níveis, e cada estágio abre uma nova porta para a consciência. Iniciamos pelo mais básico, que é o cultivo da presença no corpo – a base do mindfulness – quando treinamos a atenção plena e a capacidade de estar no aqui e agora, sem nos perder em reações automáticas e possibilitando a autorregulação emocional. Mas esse é apenas o começo. À medida que avançamos, conseguimos acessar camadas mais profundas, em que o diálogo interno se torna mais claro e podemos perceber as diferentes vozes que operam dentro de nós.

Para aprofundar essa experiência, mais adiante neste capítulo utilizaremos o exercício das quatro cadeiras, um método terapêutico que nos possibilita interagir conscientemente com nossos diferentes "eus", tornando tangível esse diálogo interno e permitindo que cada parte seja expressa e compreendida. Também podemos aplicar a mesma estrutura dentro de uma prática meditativa, em que o Eu Observador se mantém atento ao fluxo das vozes internas, porém sem se identificar com nenhuma delas. Conforme aprofundamos essa escuta, entramos em contato com a dimensão do Eu Superior, que nos oferece novas perspectivas, intuições e possibilidades de transformação.

E então, ao final dessa jornada interior, a meditação se torna um espaço de criação consciente. Aqui, podemos imprimir uma nova realidade na substância da alma, seja através da prece, da oração, da intenção clara ou da simples abertura ao fluxo do amor maior. Porque meditar não é apenas observar o que já existe dentro de nós; é abrir espaço para o novo, permitindo que aquilo que realmente queremos manifestar tome forma dentro e fora de nós.

Agora, convido você a dar esse passo comigo. Vamos juntos criar esse espaço interno de escuta e perceber como, quando nos permitimos ouvir com verdade e acolhimento, a harmonia se torna possível.

EXERCÍCIO: MEDITAÇÃO DO DIÁLOGO DE VOZES

Antes de iniciarmos essa prática, quero convidá-lo a preparar um espaço seguro e convidativo para a experiência. Escolha um local tranquilo onde não será interrompido. Sente-se confortavelmente e, se quiser, pode ter um caderno ao lado para registrar insights ou reflexões que surgirem ao longo do processo.

Essa meditação não é um exercício para "resolver" algo de imediato, nem uma técnica para se livrar de sentimentos desconfortáveis. O que vamos praticar aqui é um espaço de escuta verdadeira, no qual cada parte sua poderá se expressar sem repressão ou julgamento.

1. ESCOLHENDO UM TEMA PARA TRAZER À CONSCIÊNCIA

Antes de começarmos, traga à mente algo que o esteja incomodando no momento. Pode ser um conflito recorrente, um sentimento difícil, uma situação que parece não se resolver ou até um padrão emocional que você já percebeu em si. Como está sua respiração? Há alguma tensão ou sensação específica em alguma parte do corpo? Existe inquietação, aperto, peso ou contração em algum lugar?

Apenas observe. Não tente mudar nada, só perceba. Se precisar, retome algumas das práticas da etapa 1 do método (no capítulo 5), na qual trabalhamos o reconhecimento das reações automáticas e formas de nos ancorarmos no momento presente.

2. RESPIRANDO CONSCIENTEMENTE E SE ABRINDO PARA A EXPERIÊNCIA

Agora, inspire profundamente pelo nariz, sentindo o ar preencher seu corpo, e solte-o devagar pela boca. Faça isso algumas vezes, sentindo a respiração trazer mais espaço interno. Se perceber que há resistência ou se a mente começar a distraí-lo, lembre-se: você não precisa controlar a experiência, apenas estar presente para o que surgir.

Antes de prosseguirmos, vamos fazer juntos uma prece para abrir esse espaço de escuta interna.

PRECE INICIAL PARA O DIÁLOGO DE VOZES

Divina Presença que habita em mim, peço clareza e coragem para olhar para dentro sem medo e sem julgamentos. Sei que há partes de mim que clamam por atenção – algumas em dor, outras em resistência, outras ainda carregadas de sabedoria. Que eu possa ouvi-las com compaixão.

Neste momento, trago à consciência aquilo que mais me desafia. Aquilo que ainda não compreendo, aquilo que me inquieta. Em vez de fugir ou lutar contra essa experiência, eu escolho me aproximar. Permito que meu corpo sinta, que minha respiração se acalme e que minha alma se abra para o que deseja ser visto.

Que o Eu Observador em mim seja um espaço seguro para esse encontro. Que o Eu Adulto tenha força para sustentar essa escuta. E que o Eu Superior me guie, para que eu possa enxergar além das ilusões e encontrar a verdade que me libertará.

Sei que cada parte de mim, até mesmo aquelas que me desafiam, tem algo a me ensinar. Hoje, escolho ouvir e integrar, em vez de resistir. Escolho a paz no lugar da luta. Escolho a verdade no lugar do medo. Que este momento seja de cura, reconciliação e crescimento.

Que assim seja e assim é.

Após a prece, respire fundo novamente e perceba como seu corpo reage a essas palavras. Agora, vamos entrar na prática do Diálogo de Vozes.

3. CHAMANDO AS VOZES INTERNAS

Dentro de você existem diferentes partes que operam o tempo inteiro, cada uma influenciando emoções, pensamentos e comportamentos. Agora, vamos convidá-las para um diálogo consciente. Conforme inicia esse processo, perceba quais vozes surgem primeiro. Algumas podem ser mais evidentes, outras podem se manifestar de maneira sutil. Apenas observe, sem expectativas fixas.

É importante lembrar que essa jornada interna pode acontecer de diferentes formas. Para algumas pessoas, a primeira voz que surge é a da resistência; para outras, a emoção da criança ferida pode vir antes. Se você já tem uma prática meditativa, talvez perceba um estado de presença maior desde o início. O que importa não é a ordem exata, mas a sua disposição para escutar o que se manifesta.

Primeira voz – O Eu Inferior e a resistência inicial: muitas vezes, o primeiro contato é com a resistência. O Eu Inferior, acostumado a manter o controle e evitar qualquer transformação, pode tentar interromper ou desacreditar esse processo. Essa voz pode se manifestar de diferentes formas, geralmente com afirmações e perguntas como: "Isso não vai funcionar", "Você não sabe meditar", "Estou perdido", "Você não é capaz", "Isso é muito difícil", "Já estava complicado lidar só com um Eu, agora preciso escutar vários?".

O papel do Eu Inferior é justamente nos manter presos na zona de conforto, nos afastando da nossa verdade e do nosso potencial. Ele se fortalece

MEDITAR NÃO É APENAS OBSERVAR O QUE JÁ EXISTE DENTRO DE NÓS; É ABRIR ESPAÇO PARA O NOVO.

ENTRE O EGO E O SAGRADO
@PSICRISTINAFLORENTINO

através da autossabotagem e da desconexão, tornando tudo nebuloso e confuso. Apenas perceba essa voz. Ela não precisa ser combatida nem anulada.

Ao notar essas vozes de resistência, algo dentro de você já está diferente: você está observando. Esse é o primeiro sinal de que o Eu Observador compassivo está presente. Em vez de se identificar ou reagir ao que aparece, simplesmente acolha. Permita que essas vozes existam sem julgamentos.

Veja se é possível ser amigável com a sua parte que não está sendo amigável com você. Se a voz crítica diz: "Isso é bobagem, você nunca vai conseguir", experimente responder internamente com gentileza: "Eu te ouço, sei que você está tentando me proteger, mas estou aqui para construir algo novo". Se a voz do desânimo aparece e fala: "Isso é difícil demais, melhor desistir", tente acolhê-la com suavidade: "Eu entendo que isso parece novo e incômodo, mas podemos seguir com calma".

Esse simples ato de acolhimento já começa a dissolver a rigidez do Eu Inferior. Você não está mais brigando consigo, e sim criando um espaço seguro no qual todas as suas partes podem coexistir sem precisar se defender uma da outra.

Segunda voz – A criança ferida e suas necessidades: ao permitir que a resistência se expresse sem bloqueá-la, algo mais íntimo começa a emergir: a voz da sua criança ferida. Ela pode se manifestar através de sensações no corpo, uma emoção repentina ou memórias sutis. Aqui, você pode perceber uma dor antiga, uma necessidade não atendida ou uma insegurança de longa data, por meio de manifestações internas como: "Eu só queria ser amado como sou. Eu tenho medo de não ser suficiente. E se ninguém se importar comigo?".

Essa é a camada mais sensível e vulnerável. Não tente consertá-la ou suprimi-la. Apenas ouça e ampare. Você pode até colocar as mãos sobre o peito, como um gesto de presença e segurança.

Terceira voz – O Eu Superior e a verdade interior: à medida que a criança ferida se sente ouvida e aceita, um silêncio interno começa a surgir. Nesse espaço de maior presença, o Eu Superior pode finalmente se manifestar. Sua voz não grita, não impõe, não julga. Ela é sutil, mas absolutamente verdadeira.

"Você não precisa ser perfeito para ser amado. Você já é suficiente. Eu estou aqui com você." Essa é a verdade que sempre esteve dentro de você, esperando ser acessada. O Eu Superior traz clareza, paz e um senso de unidade com algo maior.

Ao final desse processo, pode surgir um desejo natural de pedir ajuda espiritual, fazer uma prece ou simplesmente repousar nessa conexão. Esse é o momento de imprimir uma nova realidade na substância da sua alma.

Apenas respire e deixe que essa experiência se integre. Você acaba de criar um espaço interno de escuta profunda. Esse é o primeiro passo para transformar o seu diálogo interno. A meditação do Diálogo de Vozes não é um processo linear, e cada pessoa pode vivenciá-la de maneira diferente. Algumas vozes podem ser mais intensas que outras, e algumas emoções podem ser mais fáceis de acessar do que outras. O mais importante é lembrar que o simples ato de acolher essas vozes, sem rejeitá-las, já inicia um processo profundo de cura e integração.

4. INTEGRANDO E SINTETIZANDO A EXPERIÊNCIA

Dê tempo para cada voz se expressar. Observe se alguma delas ainda precisa ser reconhecida ou acolhida. Lembre-se: o simples ato de escutar já promove transformação.

Se quiser, anote algumas frases que surgirem durante a experiência. Isso pode ajudá-lo a perceber padrões recorrentes e trazer mais clareza do que está acontecendo dentro de você. Pergunte-se: "O que cada uma dessas vozes realmente deseja?", "Existe algo que todas elas têm em comum?", "O que eu posso oferecer a cada uma delas agora?".

Muitas vezes, todas as vozes – até mesmo aquelas que parecem contraditórias – têm um desejo em comum: segurança, amor, pertencimento. Algumas expressam isso com medo, outras com exigência ou resistência – no fundo, todas querem o seu bem, e perceber isso contribui para a reconciliação interna.

5. FECHANDO E CRIANDO NOVAS REALIDADES

Agora que essas vozes foram ouvidas, convide o Eu Superior a integrar essa experiência. Respire fundo e perceba se algo dentro de você já parece diferente. Neste momento, a meditação se torna um espaço de criação consciente. Com o ruído interno compreendido e acolhido, você tem a oportunidade de imprimir uma nova realidade na substância da alma.

Você pode fazer uma prece, uma afirmação ou simplesmente se abrir para a força do amor maior. Algumas perguntas podem ajudar nesse processo: "O que eu escolho deixar ir?", "Qual realidade eu quero criar dentro de mim?", "O que eu posso entregar à vida para que essa transformação aconteça?".

Se sentir que uma nova percepção surge, experimente expressá-la como uma afirmação. Por exemplo: "Eu escolho confiar na vida. Eu libero o medo que me separa da minha verdade. Permito que a minha alma se expanda e acolho o fluxo do amor maior, dentro e fora de mim".

Ou, se desejar algo mais direcionado ao seu momento, pode criar a própria afirmação, algo que traga força e verdade ao seu coração. Respire fundo, agradeça a si mesmo por ter se permitido viver esse processo e, quando sentir que é o momento, retorne lentamente à presença no aqui e agora.

Neste momento, convido você a experimentar essa meditação. Quais insights surgem quando você realmente escuta as partes dentro de si?

Essa prática pode ser adaptada conforme a sua necessidade. Se o foco for mais meditativo, basta deixar que as vozes se revelem internamente, acompanhadas pela presença do Eu Observador e pelo amparo do Eu Superior. Se quiser explorá-la de maneira mais terapêutica, pode utilizá-la no exercício das quatro cadeiras, assumindo fisicamente os diferentes papéis. A seguir, apresento esse exercício por meio de um caso clínico.

UMA SESSÃO COM ADRIANA

Adriana, 47 anos, consultora de marca e design de interiores, casada e mãe de um garoto de 9 anos, chegou à sessão tomada por angústia. Desconfiava que seu marido a estivesse traindo novamente e, ao mesmo tempo, percebia sua dependência emocional dele. Tentava controlar a relação, exigindo provas constantes de amor, mas sentia que, quanto mais fazia isso, mais ele se afastava. O que ela não percebia era que, ao tentar evitar a rejeição, acabava recriando exatamente a dor que mais temia.

Iniciei a sessão dizendo: “Adriana, estou ouvindo você dizer que há uma parte em você que se sente não vista, rejeitada e desvalorizada. É isso mesmo?”. Ela respirou fundo, os olhos marejados. “Sim, é exatamente isso.”

“Parece que tem uma parte sua que precisa se expressar. Que tal darmos um lugar para ela? Podemos convidá-la para essa cadeira aqui ao lado e ouvi-la com mais atenção. O que você acha?”

Ela hesitou, mas concordou. Expliquei que faríamos o exercício das quatro cadeiras, dispostas em fila, representando diferentes camadas da psique. A primeira cadeira representaria o Eu Inferior e suas resistências; a segunda, a criança ferida; a terceira, o Eu Superior; e, por fim, fora da fila, o Eu Observador assumiria uma metaposição, assistindo à dinâmica. De tempos em tempos, Adriana poderia se sentar nela e observar da plateia.

1ª CADEIRA – O EU INFERIOR E AS RESISTÊNCIAS

Adriana sentou-se na primeira cadeira e imediatamente acessou uma voz cheia de tensão, que dizia: “Isso não vai adiantar. Se eu não vigiar, ele vai me enganar de novo. Eu não posso confiar. Preciso me proteger”.

Comecei a investigar: “Essa parte que está falando agora, qual é a intenção dela?”. Ela refletiu. “Ela quer evitar que eu passe por essa dor de novo.” “E o que ela teme?” “Ser rejeitada. Ser trocada. Ficar sozinha.”

O corpo de Adriana estava contraído; os ombros, rígidos. Pedi que ela prestasse atenção em sua respiração e notasse que essa voz tentava protegê-la, mas a mantinha presa em um ciclo de desconfiança e controle. Convidei-a a mudar para a próxima cadeira.

2ª CADEIRA – A CRIANÇA FERIDA

Assim que se sentou, sua expressão mudou. Os olhos se encheram de lágrimas. “Ela é pequena, tem uns 7 ou 8 anos. Está esperando a mãe olhar para ela, mas a mãe só dá atenção ao irmão.”

“E como essa parte se sente?” “Invisível. Eu faço de tudo para que ela me veja, mas nunca sou boa o suficiente.” “Agora que essa parte tem espaço para ser ouvida, o que você gostaria de dizer para ela?” Ela suspirou profundamente e colocou a mão no peito. “Que eu vejo você. Eu sei como isso doeu.” Adriana se permitiu sentir a emoção dessa parte, sem tentar afastá-la ou rejeitá-la.

3ª CADEIRA - O EU SUPERIOR

Convidando-a a mudar para a terceira cadeira, pedi que acessasse sua parte mais sábia e amorosa. Ela respirou fundo e, após um longo silêncio, sua voz se tornou mais serena. "Eu vejo você. Você não precisa mais lutar tanto. Você já é suficiente. O amor não precisa ser provado ou conquistado."

Seu corpo parecia mais relaxado, como se algo estivesse se assentando dentro dela.

4ª CADEIRA - O EU OBSERVADOR E A INTEGRAÇÃO

Na última cadeira, Adriana assumiu a posição do Eu Observador, que estava na metaposição, assistindo à dinâmica anterior.

Ela ficou em silêncio por alguns instantes e então respondeu: "Agora eu vejo. Tento controlar o meu marido porque ainda sou aquela menina tentando ser vista. Mas quanto mais eu exijo, mais ele se afasta, e eu recrio a mesma ferida".

Pedi que respirasse fundo e, quando se sentisse pronta, reconfigurasse as cadeiras de acordo com a transformação interna que havia sentido. Ela fez isso de maneira intuitiva, movendo a cadeira do Eu Observador para mais perto da criança ferida, colocando o Eu Superior em uma posição mais central e levando a cadeira do Eu Inferior para o fundo.

Com essa compreensão, Adriana começou a integrar suas partes e, aos poucos, se libertou da necessidade de controle. Ela percebeu que, em vez de buscar a validação no outro, podia começar a oferecer a si mesma o reconhecimento e o amor que tanto esperava. Sua pérola foi a autossuficiência emocional - o entendimento de que o amor não precisava ser conquistado, porque ele já existia dentro dela.

Ao longo desta etapa do método, aprendemos a dialogar com nossas vozes internas, permitindo que o Eu Observador assuma o papel de mediador entre o Eu Inferior, a criança ferida e o Eu Superior. Descobrimos que não precisamos mais lutar contra nossas facetas, mas sim integrá-las, transformando a dor em sabedoria e permitindo que a nossa pérola brilhe. Assim como Adriana encontrou em si a autossuficiência emocional, cada um de nós tem uma verdade essencial esperando para ser revelada.

Cada camada desvendada nos aproximou da nossa tarefa de alma, do que viemos expressar e compartilhar com o mundo. Agora que o amadurecimento emocional e o espiritual se encontraram, podemos finalmente compreender que servir não significa anulação, e sim nos oferecer inteiros à vida. Transcender o ego não é apagá-lo, mas permitir que ele seja um instrumento a serviço de algo maior. Quando nos conectamos com o nosso Deus interior – o núcleo luminoso do nosso Eu Superior –, a entrega deixa de ser um esforço e passa a ser um fluxo natural. Não há mais separação entre o eu e o todo, entre a vida e o sagrado.

Agora, chegamos à quinta etapa do AdulteSer: o despertar que nos convida a ir além de nós mesmos e permitir que o amor maior se expresse através de nós. Agora, nos tornaremos um canal para que a verdade e a compaixão fluam livremente no mundo. A nossa pérola interior está pronta para reluzir de maneira plena.

10. MENOS EGO, MAIS VERDADE

Criamos na substância da alma aquilo que estamos prontos para viver.

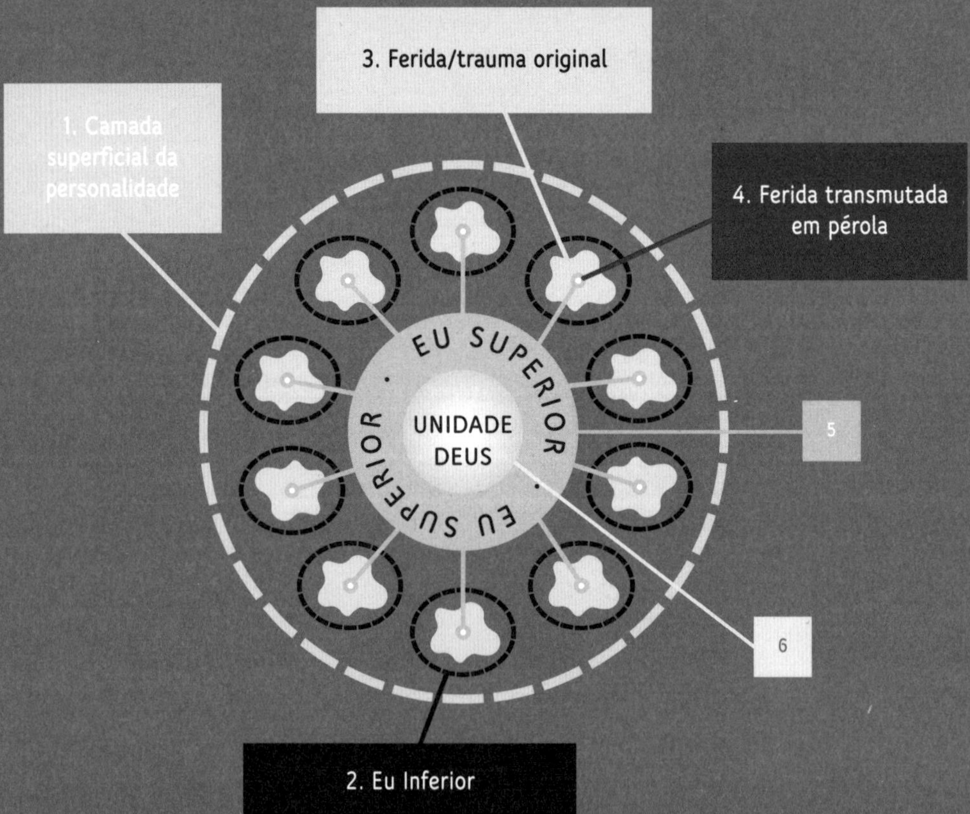

Ao longo do processo do AdulteSer, percorremos uma jornada psicoespiritual de amadurecimento do ego, aprendendo a reconhecer nossas reações automáticas, tocar nossas feridas, dialogar com nossas vozes internas e integrar as partes fragmentadas do nosso ser. Agora, chegamos ao ponto culminante da jornada: a transcendência do ego e a entrega ao fluxo da vida, permitindo que o amor maior se expresse através de nós de maneira autêntica e plena.

No entanto, esta etapa não é um ponto de chegada – é um novo estado de consciência. Até aqui, fortalecemos nosso Eu Observador, nos desprendemos daquilo que pensávamos ser a fim de enxergar o que realmente somos e o que podemos nos tornar. Foi um trabalho ativo de autoexploração, purificação e integração. Agora, um convite ainda mais profundo se apresenta: não apenas soltar e confiar, mas, antes disso, intencionar e criar conscientemente, alinhados ao Eu Superior.

Mas o que significa soltar e confiar? E o que estamos intencionando e criando conscientemente?

Soltar significa renunciar à ilusão do controle, liberar as tensões do Eu Inferior que tentam moldar a realidade a partir do medo e da resistência. Confiar significa entregar-se ao fluxo da vida, sabendo que existe um movimento maior guiando tudo – o Eu Superior, a inteligência divina que atua em cada detalhe da existência.

Por outro lado, intencionar e criar conscientemente significa, além de desejar ou visualizar um futuro idealizado, alinhar pensamentos, emoções, ações e energia rumo a uma nova realidade. Criamos com consciência quando escolhemos direcionar a atenção para aquilo que queremos manifestar, reconhecendo que a alma recebe e molda essa intenção para transformá-la em experiência concreta.

Quando olho para minha história, vejo momentos decisivos em que o exercício de aceitar o que se apresentava, por mais inesperado ou desafiador que fosse, se tornou um ponto crucial para o meu crescimento. Um exemplo claro disso foi quando engravidei do meu primeiro filho. Naquele período, meu marido e eu estávamos vivendo uma proposta monástica, longe da ideia de um planejamento familiar convencional, e eu me vi diante de uma realidade radicalmente diferente do que imaginava. O convite que me fiz naquele momento foi exatamente este: aceitar a possibilidade que se apresentava, por mais que não tivesse sido planejada. Quanto mais resistia, maior era o sofrimento. O exercício de soltar o controle, de abrir mão da obstinação – que insistia que tudo tinha que ser do meu jeito –, foi o caminho para que eu realmente experimentasse o que estava por trás daquele momento.

Com o passar do tempo, percebi com mais clareza que todas aquelas situações foram guiadas pelo meu Eu Superior. Cada desafio e cada tensão vividos naquela circunstância foram exatamente o que eu precisava para provocar a transformação necessária para lapidar minha alma. Hoje, ao olhar para trás, sinto uma gratidão profunda por tudo ter acontecido como aconteceu. Se tivesse sido de outra forma, talvez eu não tivesse aprendido os ensinamentos que estavam ali, esperando para serem revelados. No entanto, por muito tempo, vivi me culpando por ser uma mãe que, sem perceber, criou um ambiente tenso para a chegada do filho. Sentia-me responsável pelos retiros que fiz na Índia, com ele ainda tão pequeno, e por não ter proporcionado o vínculo seguro que ele merecia. Mas com o tempo, também percebi que meu filho tem seu próprio Eu Superior, e aquela situação aconteceu sob medida para ele, assim como para mim.

Hoje, ao refletir sobre isso, entendo que tudo o que vivi, todas as escolhas e cada passo que dei foram o que o meu Eu Superior sabia que eu precisava para evoluir, crescer e, principalmente, para aprender a aceitar a vida como ela se apresenta. Não se tratava de uma falha, mas de uma experiência transformadora ao extremo. Cada movimento de resistência se tornou uma oportunidade para entender melhor quem eu sou, como posso aprender a confiar, e como soltar o controle. Com isso, o sofrimento foi se dissipando, e o reconhecimento de que a vida sempre esteve cuidando de mim, como um fluxo divino, trouxe alívio e paz.

Esse é um exemplo muito real de como, ao acordarmos para a verdade da vida, vemos que não há erros, mas sim caminhos que nos conduzem exatamente ao que precisamos aprender. Quando conseguimos dar espaço à aceitação e à gratidão, mesmo pelas experiências que antes pareciam desordenadas, começamos a perceber que a vida, no fundo, tem uma sabedoria muito maior do que conseguimos compreender naquele momento. E à medida que a resistência diminui, cresce a aceitação e, como consequência, a paz e a cura se manifestam.

A ESCASSEZ E O MEDO

Uma queixa comum de meus alunos que pode ajudar você a compreender melhor essa dança entre criar e entregar é a relação com o medo, especialmente em situações com desafios financeiros. Imagine que você sempre enfrentou dificuldades nessa área e, ao longo de sua jornada de autoconhecimento, percebeu que carrega uma crença profunda de escassez, herdada da sua história familiar. Até então, seu Eu Inferior reagia a essa dor com crises de ansiedade, controle excessivo e uma preocupação constante, tentando garantir segurança. No fundo, a motivação principal era o medo de perder dinheiro e passar por dificuldades. Mas agora, com um ego mais amadurecido, você reconhece esse padrão e escolhe agir de modo diferente.

Isso não significa que o medo de ficar sem dinheiro simplesmente desaparecerá ou que você passará a confiar de maneira cega na abundância, sem tomar as atitudes necessárias. A grande mudança está em como você lida com esse sentimento. Em vez de ser dominado pelas respostas protetivas da ansiedade e da preocupação excessiva, você começa a se relacionar conscientemente com esse medo toda vez que ele surge. Em vez de reagir de modo automático, você começa a ouvir suas vozes internas, acolhe as inseguranças e se lembra de que há um novo caminho possível para seguir.

A questão principal não é "Como posso vencer o medo?", ou "O que fazer para me acalmar?", ou ainda "Como posso evitar situações que me causem medo?". A pergunta mais poderosa, que nos leva à transformação, é: "Como posso me abrir para esse sentimento?", "Como posso estar presente nessa experiência?". Ao fazer isso, você começa a perceber e questionar:

"Qual parte em mim sente esse medo?", "Desde quando?", "Quem mais na minha família compartilhou esse medo?".

Sempre que viramos as costas para um aspecto da experiência, permanecemos presos nela. Não podemos soltar algo se antes não aceitarmos o convite que a vida nos faz. A cura só pode começar a acontecer quando aprendemos a estar presentes nos lugares onde sempre estivemos ausentes. Esse processo é o que permite que o medo não nos controle mais, a fim de que possamos criar uma nova realidade em sintonia com quem somos de verdade.

À medida que passamos a nos abrir para essas experiências, em vez de resistir a elas, uma nova consciência começa a emergir. Esse movimento de aceitação é o que nos permite liberar as crenças limitantes. Não é um ato de negação, mas um movimento intencional de abertura, uma permissão para criarmos realidades. Agora, ao olhar para o medo, você já não mais se deixa dominar por ele. Você o reconhece, mas escolhe agir de maneira diferente, com mais presença e discernimento.

A confiança na abundância, antes uma ideia abstrata, se torna uma prática cotidiana, construída no dia a dia, ao passo que você se alinha com essa nova maneira de estar no mundo. Esse é o ponto em que o autoconhecimento se transforma em cocriação consciente. E, para que essa transformação se complete, não basta observar nossos padrões, compreendê-los ou mesmo integrá-los intelectualmente. A verdadeira mudança acontece quando essas percepções são incorporadas e se manifestam na vida de modo concreto.

Aqui é onde a ação entra. A evolução espiritual é não apenas um processo de introspecção, mas também um movimento contínuo entre ação e receptividade. Em certos momentos, tudo pode girar ao nosso redor – histórias, dores, traumas, crenças herdadas. No entanto, conforme avançamos nesse caminho, entendemos que a jornada não é só sobre nós. Algo maior começa a se revelar, e a vida passa a se expressar através de nós, não apenas para nós.

Essa compreensão nos leva a um ponto crucial da jornada: a verdadeira transformação não ocorre apenas no nível intelectual ou psicológico. É fácil, em um ambiente controlado e isolado, entender a teoria do autoconhecimento; o desafio maior é incorporar essa expansão para além da mente - no cotidiano. Quando buscamos a verdadeira integração da consciência, a questão se torna mais profunda: como podemos sustentar essa qualidade de presença no mundo real, sem precisar fugir da rotina para tocar o sagrado?

A resposta está em nosso ego amadurecido. Com uma estrutura interna sólida, podemos integrar as expansões espirituais ao nosso viver diário. Sem isso, as experiências transcendentais, por mais profundas que sejam, acabam se dissipando quando confrontadas com as emoções não resolvidas e as feridas internas ainda abertas. Esse é o motivo pelo qual muitas vezes nos vemos em ciclos de grandes aberturas espirituais seguidas de retornos a velhos padrões emocionais. O trabalho que fizemos até aqui - olhar para nossas feridas, acolher nossas partes internas e fortalecer nossa psique - é a base essencial sobre a qual podemos agora construir uma entrega verdadeira. Esse é o caminho para transformar a consciência em ação autêntica, para que a experiência do Divino se torne viva e sustentada em cada momento da jornada.

AMPLIFICANDO AS VOZES INTERNAS COM CONSCIÊNCIA

Nesta etapa do livro, damos um passo além: mais do que observar e acolher nossas vozes internas, vamos escolher conscientemente qual realidade queremos amplificar. A meditação é mais que silêncio e contemplação: também é criação. Criamos na substância da alma aquilo que estamos prontos para viver.

Ao fazermos isso, entramos no fluxo natural da vida, onde não há esforço nem luta - apenas alinhamento e confiança. Entre o esforço consciente e a entrega confiante, o caminho do despertar se desenrola como uma dança espiralada sutil entre agir e permitir, direcionar e confiar. Em um momento, o foco total está em nós - assumir responsabilidades, fazer escolhas, construir um novo caminho. No outro, a questão é abrir espaço para que algo maior possa atuar.

A criação acontece quando conseguimos equilibrar esses dois aspectos, compreendendo que há um tempo para plantar e um tempo para permitir que a vida floresça por si mesma. Esse é o momento em que a reflexão psicológica encontra a presença não dualista – quando deixamos de "trabalhar em nós mesmos" e permitimos que o ser simplesmente seja.

A transição para essa nova consciência nos convida a expandir nossa identidade. Até agora, o Eu Observador foi como um espectador sentado na plateia, assistindo atentamente ao palco da nossa psique, onde diferentes personagens internos encenaram seus papéis. Ele aprendeu a reconhecer padrões, compreender emoções e perceber, com curiosidade e compaixão, como certos dramas e tramas se repetem.

Agora, avançamos para um nível mais profundo. O Eu Observador deixa a posição de mero espectador e se torna o coautor da peça, aquele que compreende a dinâmica entre os personagens e começa a reescrever o próprio roteiro. Aqui vale lembrar que o Eu Observador é parte do Eu Superior, que entrará na peça de maneira ativa, em conexão com uma luz maior.

Nesse ponto, nos damos conta de que não somos apenas os inquilinos da casa em que vivem nossas diferentes partes internas, mas sim os responsáveis por cuidar e reformar esse lar. Também somos a força criativa (Eu Superior) que pode restaurar as estruturas, abrir novas portas e deixar a luz entrar. Assim como um músico, que antes apenas tocava partituras alheias e agora começa a compor a própria melodia, assumimos a responsabilidade consciente pela nossa energia criativa. Esse processo acontece tanto em sua manifestação mais elevada, através do Eu Superior, quanto nas expressões distorcidas do Eu Inferior, que ainda tenta moldar a vida a partir do medo e da escassez.

Nossa identidade, antes fragmentada entre diferentes "estações de rádio" internas – em que aleatoriamente as vozes da autocrítica, da carência ou da intuição estavam "ligadas" por não termos um ego adulto –, agora se transforma na identidade daquele que gira o botão da frequência, escolhendo conscientemente a estação que deseja amplificar e, ao mesmo tempo, se permitindo ser escolhido por algo maior.

Esse ponto de transição marca uma mudança essencial na jornada. Deixamos de nos enxergar como vítimas do acaso e começamos a perceber que, em um nível mais profundo, há um movimento maior conduzindo tudo. Esse reconhecimento nos leva gradualmente à experiência do Eu Superior, na qual nossa identidade se expande, e tocamos a consciência unitiva, o Grande Espírito, Deus, o estado de graça e totalidade.

Aqui encontramos um paradoxo essencial: se o ego tenta forçar a transcendência, se afasta ainda mais da verdadeira libertação. No entanto, quando ele se abre para o fluxo da vida, começa a experimentar um estado de confiança profunda, entregando-se ao Eu Superior, nossa centelha de Deus na Terra, onde não há mais necessidade de provar nada, lutar contra nada ou exigir que as coisas sejam diferentes. Mas essa entrega não é passiva. Antes de soltar, existe um chamado para cocriar, a fim de que a entrega seja um ato de confiança, e não de inércia. A rendição precisa ser acompanhada da fé.

Se observarmos atentamente, perceberemos que todo processo criativo segue um fluxo equilibrado entre recepção e impressão, amparo e direcionamento, passividade e atividade. Na criação de uma nova vida, por exemplo, o masculino entrega o sêmen, e o feminino o recebe, dando início à gestação de algo que se desenvolve de maneira orgânica e inteligente. Da mesma forma, a alma é receptiva: absorve as impressões que o ego adulto imprime nela. Já o Espírito Criador, ou Deus, através do Eu Superior, é ativo: direciona e manifesta a essência divina, guiando a criação para que esteja em sintonia com a totalidade da vida.

A proposta é refinar o processo criativo, alinhando-o ao Eu Superior, garantindo que nossas intenções não sejam guiadas pela carência ou pelos desejos egoicos, mas por um fluxo mais profundo e sábio. Criamos com consciência e depois soltamos esse fruto, permitindo que a vida também faça sua parte. Esse alinhamento nos torna mais atentos ao fato de que a criação da vida não acontece pela imposição do controle, mas pela entrega confiante ao movimento da existência. Como uma semente lançada à terra, nosso papel é nutrir e cuidar, mas o desabrochar ocorre no tempo certo, impulsionado por forças que vão além da nossa vontade pessoal.

Essa prática de confiar e permitir também nos leva a uma compreensão mais profunda da relação entre alma e espírito (Deus). Em vez de buscarmos Deus em algo distante, passamos a reconhecê-Lo em nós mesmos, percebendo que nosso próprio ser se torna o canal através do qual o Divino se manifesta. Ao transcendermos o ego, compreendemos que a alma é um sistema vivo e fluido, que necessita ser purificado para expressar com clareza o Espírito Maior. A alma molda nossa identidade, ao mesmo tempo que nos conecta ao todo, atuando como um portal entre o Espírito Criador e a experiência material.

Podemos visualizar essa dinâmica entre alma e espírito (Deus) como a relação entre a água e a fôrma de gelo. O espírito é como a água: fluida, pura, vasta e infinita, carregando em si o potencial criador. A alma é como a fôrma que recebe essa substância e a molda de acordo com sua capacidade de conter, expressar e manifestar. Se a fôrma estiver rígida, fragmentada ou impura, a manifestação do espírito será limitada e distorcida. Mas, à medida que a alma se purifica e se expande, ela se torna um recipiente mais alinhado à essência do espírito, permitindo que o Eu Superior flua com mais clareza.

Esse refinamento acontece não apenas no nível da consciência, mas também nos aspectos mais sutis da nossa identidade, pois a alma carrega história, emoções e aprendizados, enquanto o espírito criativo amplia nossa percepção e direciona essa energia para novas criações. Se pensarmos na alma como uma célula, veremos que ela não é uma estrutura rígida e isolada, e sim um sistema dinâmico, interagindo constantemente com o meio ao seu redor. A membrana da célula regula o que entra e o que sai, assim como a alma absorve e processa informações, energias e influências – sejam elas vindas da matéria, do mundo emocional, da mente ou do espírito.

Esse processo nos ensina que transcender o ego significa refinar nossa individualidade para que ela se torne um canal cada vez mais fluido para o Divino. O que antes era uma busca incessante por respostas fora de nós se transforma em uma experiência de unidade, em que reconhecemos que a fonte sempre esteve em nosso interior.

Mas como essa experiência se traduz no nosso ser? Se pensarmos na alma como uma célula viva, perceberemos que, dentro dela, existem partes especializadas que carregam memórias, emoções, padrões energéticos e potenciais criativos. O núcleo da célula, onde está armazenado o DNA, pode ser comparado ao espírito ou Eu Superior, que contém a essência divina, a matriz pura da nossa existência. A alma então é a ponte entre esse núcleo sagrado e a experiência material, traduzindo essa essência para o mundo terreno.

Assim como as células do corpo precisam ser constantemente oxigenadas, nutridas e renovadas, a alma também passa por um processo contínuo de purificação e expansão, permitindo que o Eu Superior se expresse cada vez mais livremente. No entanto, nem toda criação vem do Eu Superior. Muitas vezes, o Eu Inferior também molda nossa realidade – só que ele cria a partir da carência, do medo e do desejo de controle. Ele tenta imprimir na alma realidades desalinhadas com o fluxo maior da existência, focando apenas suas necessidades imediatas e ilusões.

Essa é a grande diferença entre um desejo impulsivo e uma criação consciente. O que define essa diferença não é o objeto do desejo em si, mas a qualidade energética da intenção. Quando criamos a partir do Eu Superior, a experiência traz paz e alinhamento, mesmo que ainda envolva desafios. Quando criamos a partir do Eu Inferior, a experiência gera ansiedade, necessidade de controle e resistência à espera. Um bom termômetro para avaliar uma criação positiva é o estado de centramento interno. Se há pressa, urgência e apego ao resultado, o Eu Inferior está operando. Ele quer que tudo aconteça do seu jeito, na sua hora, sem considerar o fluxo natural da vida. Ele exige, pressiona, teme o tempo, teme o "não". Sua força é impetuosa e intensa, mas não tem aterramento – ele luta contra a realidade em vez de cocriá-la em harmonia.

Nosso Eu Superior direciona tudo com sabedoria. Ele não cria a partir da ansiedade, mas do alinhamento. Ele imprime na alma aquilo que já está pronto para ser materializado – sem luta, sem esforço exaustivo, apenas seguindo o ritmo natural do processo. O ego adulto, por sua vez, é o mediador entre essas forças. Ele identifica quando um desejo vem da carência do Eu Inferior e faz o trabalho de purificação antes que seja manifestado. Ele também percebe quando uma inspiração vem do Eu Superior e se abre para recebê-la sem resistência.

Se a alma estiver bloqueada por traumas, crenças limitantes ou distorções do Eu Inferior, o caleidoscópio da nossa percepção gira, mas as imagens continuam sendo variações das mesmas formas antigas. As cores podem mudar, os ângulos podem se deslocar, mas os padrões permanecem os mesmos, refletindo as feridas inconscientes habituais e as repetições emocionais de sempre. A realidade externa espelha o que ainda não foi transformado internamente.

No entanto, quando a alma se purifica e se torna mais transparente, o caleidoscópio começa a revelar novas composições. As imagens já não são limitadas pelas distorções do passado, começam a refletir o movimento do Espírito Criador, ou Amor Maior. Cada fragmento de experiência se reorganiza sob uma nova luz, permitindo que a vida se manifeste com mais harmonia e verdade.

Criamos a partir do que a alma pode receber e moldar. Se a alma está preparada para uma nova realidade, ela se abre para o espírito, que imprime essa criação de maneira clara e sem interferências. Mas, se ainda está rígida ou fragmentada, a criação será limitada e repetitiva, girando sempre em torno dos mesmos padrões.

Para que a criação consciente aconteça, além de desejar ou intencionar algo novo, é preciso limpar o campo interno a fim de que a nova realidade possa se manifestar sem as distorções do passado. O espírito é puro e ilimitado, mas a alma precisa estar receptiva para que o Divino possa se expressar plenamente. Como um solo que precisa ser preparado antes de receber a semente, nosso ser também necessita estar pronto para acolher e dar forma àquilo que já existe em potencial dentro de nós.

E aqui chegamos a um dos momentos mais transformadores desta etapa: reconhecer quem está dirigindo a criação da nossa realidade. Estamos criando a partir do Eu Superior, alinhando nossa existência ao fluxo do todo? Ou estamos criando a partir dos medos e desejos do Eu Inferior, tentando moldar a vida à força para evitar encarar uma dor emocional?

Se a resposta não estiver clara, não há problema – essa é justamente a beleza do processo. A cada momento, podemos girar o caleidoscópio da nossa percepção, ajustando nossa sintonia, limpando a alma e permitindo que o espírito se expresse com mais plenitude. Criar uma realidade não é um ato isolado, mas um estado interno que precisa ser cultivado com presença e discernimento.

O convite agora é se perguntar: "A partir de qual lugar interno estou criando minha vida?", "O que ainda precisa ser purificado na alma para que minha manifestação seja mais alinhada ao Eu Superior?".

A seguir, iremos além da reflexão e experimentaremos esse processo na prática. Através de uma meditação guiada, aprenderemos a imprimir conscientemente na substância da alma aquilo que queremos manifestar e, em seguida, soltar, confiando no fluxo maior da existência. Afinal, a verdadeira cocriação acontece não no esforço, mas no equilíbrio entre intenção e entrega. Quando aprendemos a alinhar nossa intenção ao Eu Superior, criamos com consciência e fluidez – sem ansiedade, sem apego ao resultado, sem luta. Apenas permitindo que a vida se manifeste em nós e através de nós.

EXERCÍCIO: A MEDITAÇÃO COMO CRIAÇÃO POSITIVA

No capítulo anterior, usamos a meditação como um espaço de escuta íntima, no qual pudemos observar e integrar nossas vozes internas. Agora ela se torna um ato de criação, um espaço para imprimirmos, na substância da alma, uma nova realidade. Podemos pensar na cocriação como uma dança entre dois princípios complementares.

O princípio ativo: o ego adulto aliado ao Eu Superior assume um papel direcionador, pronunciando palavras, formulando intenções, visualizando e sentindo a nova realidade. E o princípio receptivo: a alma recebe essa intenção e começa a se reorganizar energeticamente para manifestá-la, permitindo que o espírito imprima sua forma na substância da vida.

A alma é receptiva, enquanto o espírito é ativo. O espírito é como a água fluida da criação, e a alma é a fôrma de gelo, o recipiente no qual essa água assume uma nova configuração. Ao meditarmos, primeiro imprimimos uma intenção clara na substância da alma e, depois, nos abrimos para permitir que essa criação se manifeste.

HÁ UM TEMPO PARA PLANTAR E UM TEMPO PARA PERMITIR QUE A VIDA FLORESÇA POR SI MESMA.

ENTRE O EGO E O SAGRADO
@PSICRISTINAFLORENTINO

1. CLARIFIQUE A INTENÇÃO

Antes de iniciar a meditação, pergunte-se: "O que desejo manifestar?".

2. OBSERVE SUA MOTIVAÇÃO

A intenção vem do seu Eu Superior ou do desejo de controle do ego? Quando a intenção vem do Eu Superior, traz paz, confiança e um senso de fluxo natural. Quando vem do Eu Inferior, carrega ansiedade, urgência e a necessidade de garantir um resultado imediato.

Exemplos práticos: se sua intenção for "Quero um novo trabalho porque quero crescer e contribuir mais", essa motivação vem do Eu Superior. Mas se for "Preciso desse novo trabalho porque não suporto mais minha realidade atual", a motivação pode estar contaminada pelo medo ou pela fuga. Se você deseja um relacionamento saudável, pergunte-se se está buscando isso a partir da sua completude ou se ainda há um medo inconsciente de ficar sozinho.

Quando tiver separado o joio do trigo, siga para a próxima etapa.

3. VISUALIZE SUA NOVA REALIDADE COMO SE ELA JÁ ESTIVESSE ACONTECENDO

Inclua sensações corporais e emoções. Sinta-se vivendo essa nova realidade. Sinta o vento da mudança em sua pele. Não se preocupe com os detalhes. Perceba como sua energia interna se transforma ao habitar essa nova possibilidade.

Exemplo prático: se deseja mais segurança financeira, visualize-se pagando suas contas com tranquilidade, sentindo alívio e gratidão ao fazer isso. Perceba o bem-estar que essa nova realidade traz ao seu corpo, a leveza nos ombros, a respiração tranquila.

4. AFIRME E PERMITA-SE

Pronuncie afirmações que fortaleçam essa nova realidade, escolhendo frases que expressem a verdade do Eu Superior, e as incorpore ao seu campo energético.

Exemplo de afirmação para a prosperidade: "A abundância já existe dentro de mim e se manifesta na minha vida com leveza".

Exemplo de afirmação para os relacionamentos: "Eu sou digno de amor e atraio conexões que refletem a verdade do meu ser".

5. AGUARDE COM CONFIANÇA

Não tente forçar ou acelerar o processo. Confie que o que está alinhado com a verdade se manifestará no tempo certo. Assim como uma semente precisa de tempo para germinar, nossa criação também precisa do próprio ciclo de maturação. Nesse momento, uma prece pode ser bem-vinda.

Querido Espírito, que suas águas claras e sábias possam iluminar a minha mente. Com sua orientação, que eu possa purificar a minha alma para que, através de mim, mais amor possa se manifestar na minha vida e na vida de todos à minha volta. Que assim seja e assim é!

LIDANDO COM BLOQUEIOS E RESISTÊNCIAS

Se durante esse processo você encontrar resistência ou bloqueios internos, volte um passo e observe: quais crenças do Eu Inferior podem estar sabotando sua criação? Você realmente se sente pronto para receber o que está pedindo? Existe medo ou dúvida por trás do seu desejo?

Muitas vezes, duvidamos de nossa capacidade de receber o melhor ou tememos a transformação que essa nova realidade pode trazer. Esse medo pode se manifestar como autossabotagem, procrastinação ou resistência inconsciente à mudança.

Exemplo prático: uma pessoa deseja um relacionamento amoroso, mas toda vez que alguém se aproxima, ela recua. Ao investigar, percebe que tem medo de ser vulnerável e de reviver dores do passado. Se esse medo não for trabalhado, a nova realidade não conseguirá se manifestar plenamente.

Criar com consciência é mais do que atrair o que queremos; é *nos tornarmos* pessoas capazes de sustentar essa nova realidade. Toda criação verdadeira exige um equilíbrio fino entre intenção e entrega. É nesse espaço – entre a clareza da vontade e a confiança na vida – que floresce a cocriação consciente.

Quando soltamos o controle ansioso do pequeno ego e ao mesmo tempo cultivamos uma presença firme e madura, nos tornamos canais pelos quais a inteligência universal pode agir. Não há mais desespero por resultados, nem luta para fazer tudo acontecer com esforço. Há apenas uma confiança tranquila de que aquilo que está alinhado com a verdade encontrará naturalmente o seu caminho.

Afinal, a verdadeira criação não nasce da tensão, mas da harmonia entre intenção e confiança, entre ego amadurecido e Eu Superior desperto. Nesse espírito, convido você a se recolher em silêncio, respirar com profundidade, e deixar que estas palavras ecoem dentro de si como uma semente que floresce do centro.

PRECE PARA O DESENVOLVIMENTO E A TRANSCENDÊNCIA DO EGO

Amado Eu Interior e Forças Universais,
Guiem-me no caminho do autoconhecimento e do fortalecimento do meu ego,
Para que eu possa desenvolver uma identidade saudável e equilibrada.
Ajudem-me a aceitar minhas imperfeições humanas com compaixão e compreensão,
E a reconhecer o valor da autorresponsabilidade em minha jornada.
Concedam-me a sabedoria para usar as faculdades do meu ego
De modo a discernir, decidir e agir com clareza e coragem.
Quando meu ego estiver fortalecido e maduro,
Que eu possa, então, transcendê-lo,
Abraçando a plenitude do meu Eu Real e a conexão com a criação.
Que a verdade, a alegria e a abundância fluam através de mim,
E que eu viva em harmonia com o Universo e comigo mesmo.
Amém.

AFIRMAÇÕES PARA A INTEGRAÇÃO DO EGO E DO EU SUPERIOR

Eu aceito minhas imperfeições e me comprometo a fortalecer meu ego de maneira saudável e equilibrada.

Eu confio na minha capacidade de discernir, decidir e agir de maneira assertiva e responsável.

Reconheço que meu ego é uma ferramenta essencial para minha jornada espiritual, e que ao desenvolvê-lo plenamente posso transcendê-lo para alcançar meu Eu Real.

Eu sou parte da natureza e da criação, e meu verdadeiro ser está em harmonia com o Universo.

Eu libero a necessidade de perfeição e aceito o presente momento com gratidão e compaixão.

Eu permito que a verdade, a alegria e a abundância fluam através de mim, vivendo em plenitude e conexão com todas as coisas.

Assim é.[14]

A partir da entrega e da confiança, é possível criar com intenção. Assim, abrimos espaço para que Deus flua através de nós e começamos a nos desapegar do nosso eu para que o espírito se manifeste. No próximo capítulo, aprenderemos que a motivação do AdulteSer é justamente a evolução, o amadurecimento, o crescimento em direção à manifestação do Divino em nós.

A partir da entrega e da confiança, é possível criar com intenção. Assim, abrimos espaço para que Deus flua através de nós e começamos a nos desapegar do eu, sem perder nossa individualidade, para que o Divino se manifeste.

No próximo capítulo, acessaremos a sexta e última etapa: o núcleo do nosso percurso interior. É nesse centro, profundo e silencioso, que permitimos que o verdadeiro Ser-vir aconteça – o ponto onde deixamos de ser apenas buscadores e nos tornamos canais daquilo que é maior do que nós.

Após termos acessado o Eu Superior e cocriado com intenção, somos chamados a nos esvaziar. O foco já não é mais o que queremos manifestar, mas permitir que a criação aconteça através de nós, criaturas.

Chegamos ao chamado à entrega: menos eu, mais amor fluindo por mim. Essa etapa final não é um fim, mas um princípio: o nascimento de um ser disponível, maduro, capaz de servir com consciência, humildade e presença.

---

[14] Palestra 132, The Pathwork of Self-Transformation. Disponível (em inglês) em: https://pathwork.org/pl-132-the-function-of-the-ego-in-relationship-to-the-real-self/. Acesso em: 2 maio 2025.

TODA COCRIAÇÃO VERDADEIRA EXIGE UM EQUILÍBRIO FINO ENTRE INTENÇÃO E ENTREGA.

ENTRE O EGO E O SAGRADO
@PSICRISTINAFLORENTINO

11. O CHAMADO À ENTREGA

Menos eu, mais amor espiritual passando por mim.

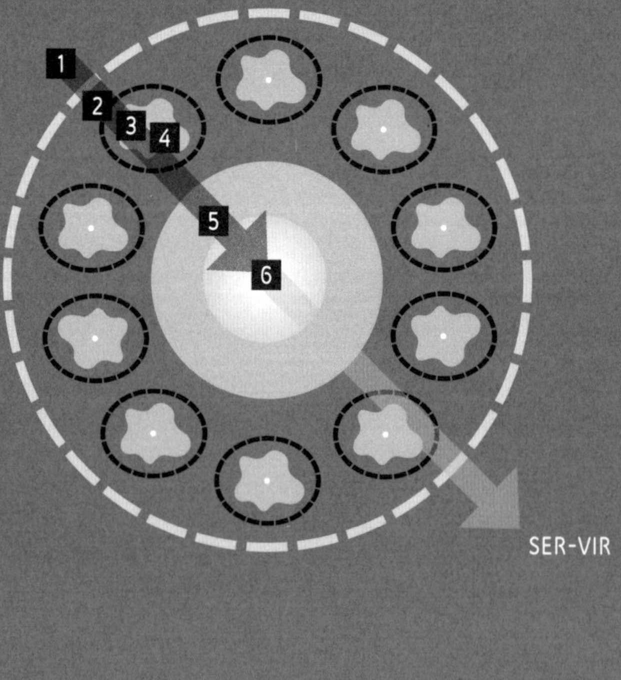

Quem é Deus? Por muito tempo, essa pergunta ecoou em minha alma. Ela sempre esteve presente como um chamado silencioso, uma busca que me acompanhava sem que eu soubesse exatamente onde encontrá-Lo. No início, assim como a maioria de nós, eu procurei Deus fora. Busquei em doutrinas, mestres, textos sagrados, templos, retiros, rituais e comunidades na Índia, no Nepal, na Indonésia, no Havaí, no sul da França, no Peru, na Amazônia, na Irlanda, na Austrália e em diversos outros lugares. Quando era jovem, olhava para o céu e dizia: "Deus, se você existe, me envie um sinal". Imagine! Na época eu mal saberia ler os sinais.

Acreditei que Ele estava em algum lugar distante, observando tudo, avaliando minhas ações, pronto para me aprovar ou reprovar. Sentia culpa quando falhava e alívio quando fazia algo "certo", como se minha conexão com Ele dependesse do meu desempenho.

Por muito tempo, me relacionei com um Deus exigente e rígido, que eu precisava agradar, atendendo às Suas expectativas e sem decepcioná-Lo. E quando essa relação, por algumas vezes, foi desconstruída pelas circunstâncias da vida, senti o que muitos sentem ao se afastarem de uma comunidade espiritual ou perderem as certezas que um dia sustentaram sua fé: o desamparo absoluto, o silêncio, a noite escura da alma.

A noite escura da alma não é apenas uma crise de fé, mas uma travessia profunda na qual tudo aquilo que antes nos dava segurança se dissolve. Quando ela se abate sobre nós, o Deus que pensamos conhecer de maneira íntima parece desaparecer, e nos vemos sem direção, sem respostas, sem chão. Mas, paradoxalmente, é nesse vazio que a verdadeira busca começa porque Deus nunca esteve fora, Ele sempre esteve esperando que olhássemos para dentro.

Aos poucos, percebi que minha relação com Ele estava intrinsecamente entrelaçada à minha história de vida. Minha criança interior buscava aprovação e reconhecimento, assim como eu buscava o meu pai. E na tentativa de me sentir digna desse amor divino, reforcei aquele ideal de perfeição – um Eu que praticava uma disciplina rígida, que nunca falhava, que sempre fazia o que julgava ser certo. Um Eu que, na época, eu não sabia, mas tentava merecer um amor que sempre esteve disponível.

Assim como é possível amadurecer psicologicamente, nossa relação com a espiritualidade também passa por diferentes estágios de desenvolvimento e níveis de consciência. A entrega verdadeira é fruto da maturidade. Compreender isso transforma completamente nossa vivência com Deus, pois nos leva a uma relação baseada na confiança e não no medo, na presença e não na submissão, na união e não na dualidade da vida.

Muitas vezes, no início da caminhada, buscamos Deus do mesmo modo como buscamos aprovação em nossas primeiras relações. Projetamos Nele a mesma dinâmica que aprendemos na infância com figuras de autoridade, acreditando que, para sermos amados e protegidos, precisamos nos comportar de determinada forma. Essa visão infantil do Divino faz com que a fé se torne um jogo de trocas, no qual tentamos garantir segurança por meio da obediência ou da negação de nossas próprias necessidades.

Amadurecer espiritualmente significa abandonar as ilusões que nos mantêm presos a uma visão limitada e dualista do Divino. Deus não é uma entidade que exige sacrifícios ou nos julga conforme méritos e falhas. Deus simplesmente é uma presença viva que deseja se manifestar através de nós. A entrega genuína não acontece por medo ou barganha, mas pela consciência de que não há nada a provar, nem regras rígidas a seguir para "merecer" essa conexão. Quanto mais alinhamos nossa vida ao Eu Superior, mais nos tornamos canais do amor maior e da verdade divina, permitindo que o fluxo da existência passe por nós sem resistência.

No entanto, para vivenciar essa conexão autêntica, precisamos nos libertar das projeções infantis sobre Deus. Ao longo do nosso caminho de autoconhecimento, aprendemos a enxergar além dessas distorções e compreender que Deus não está fora, julgando nossas ações, mas dentro, chamando-nos ao despertar.

Ao longo de nossa vida, a relação com Deus se constrói a partir das mesmas dinâmicas emocionais que vivemos em nossas relações de infância. Se fomos ensinados que amor precisa ser conquistado, tendemos a ver Deus como alguém que precisamos agradar para sermos dignos. Se aprendemos que ser vulnerável é perigoso, podemos enxergar Deus como distante ou inacessível. Se sentimos que o mundo é um lugar hostil, podemos projetar Nele um olhar punitivo.

Mas Deus não é uma força arbitrária que distribui bênçãos e punições conforme julgamos merecer. Ele não opera no nível das trocas e condições. Deus simplesmente é. E amadurecer espiritualmente significa tomar consciência sobre Ele e sobre nós, soltar essas crenças limitantes e começar a experimentar essa presença viva dentro de nós.

A relação imatura com Deus pode se manifestar de diversas formas. Reconhecê-las é um passo essencial para nos abrirmos à experiência real do Divino.

- **A espiritualidade baseada na troca:** algumas pessoas fazem promessas e sacrifícios esperando receber algo em troca. Oram a partir da vitimização, aguardando um resgate externo sem se comprometerem com a própria transformação. Aqui, a fé se torna uma moeda de troca, uma tentativa de controlar o destino por meio de rituais e barganhas.
- **A superstição infantil:** outros cultivam o medo inconsciente de que certos pensamentos ou ações possam atrair acontecimentos ruins. Frases como "Melhor nem pensar nisso, vai que acontece!" ou "Não devo olhar para o meu Eu Inferior, senão ele vai me dominar" revelam um entendimento distorcido do Divino, como se Deus estivesse constantemente testando nossas intenções.
- **A fuga da responsabilidade:** em alguns casos, a fé se torna uma válvula de escape. "Deixo nas mãos de Deus" pode ser uma entrega autêntica quando vem de um ego maduro, mas quando parte da imaturidade pode ser uma tentativa de evitar escolhas difíceis, esperando que algo externo resolva os nossos problemas sem que haja esforço.
- **Quando a criança ferida aprende a viver sem Deus:** muitas vezes o afastamento de Deus não nasce de uma descrença, mas de uma ferida silenciosa – a sensação de que Deus tem coisas mais

importantes a fazer. As pessoas sentem que suas questões são pequenas demais para serem vistas, como se dissessem: "Deus tem muito trabalho, deixa que eu resolvo". Essa postura surge de uma criança que precisou crescer rápido demais, que aprendeu a não pedir, a não incomodar, a carregar o mundo sozinha. Sem perceber, essa mesma criança não abre espaço para ser amparada, nem mesmo pelo Divino.

- **A revolta contra Deus:** para outros, a desconexão se transforma em raiva e questionamento: "Se Deus existe, por que há tanto sofrimento no mundo?". Essa pergunta surge quando ainda enxergamos Deus como um ser separado, que deveria intervir conforme nossos julgamentos do que é certo ou errado. Mas essa visão limitada nos impede de perceber que não se trata de evitar o sofrimento, mas de expandir a consciência para além dele.

E então, quando amadurecemos espiritualmente, deixamos de buscar Deus como um poder arbitrário e começamos a experimentá-Lo como uma presença viva dentro de nós. Deixamos de esperar intervenções externas para sentir Sua presença, pois compreendemos que Deus não está nos salvando de nada – porque Ele nunca esteve nos punindo. Deus apenas é. E quando pararmos de tentar encontrar Deus fora, perceberemos que Ele sempre esteve dentro.

Aprofundar-se na jornada espiritual é mais do que desapegar de concepções errôneas, desfazer ilusões e expandir a percepção; é também refinar o canal através do qual a consciência divina se expressa em nós. O ego não precisa ser destruído; ele precisa se tornar um instrumento. Quando isso acontece, a entrega significa alinhar-se ao fluxo da existência de maneira consciente, permitindo que a vida aconteça por meio de nós.

Aqui, já encontramos nossas pérolas, e agora elas nos levam ao diamante puro, ao amor que nos ama exatamente como somos. Esse é o momento da entrega verdadeira, em que o ego adulto se coloca de lado, diminui, para que Deus possa ser através de nós. A pergunta que nos guiou até aqui não foi "Quem é Deus?", mas sim "Quem sou eu diante Dele?". Agora, sabemos a resposta: eu sou um canal do Amor Maior.

E para que Deus viva mais em mim, eu preciso diminuir. Menos eu, mais Deus através de mim.[15] À medida que avançamos no caminho da transcendência do ego, começamos a perceber que nossa história nunca foi uma composição de erros, mas um processo com pequenos momentos de lapidação. Cada desafio que enfrentamos continha dentro de si um convite para o despertar, uma oportunidade para transformar dor em sabedoria, limitação em expansão, resistência em entrega.

Se olharmos para trás com essa nova perspectiva, veremos que as dificuldades mais intensas da vida foram exatamente aquelas que nos trouxeram as maiores pérolas. Mas essa transformação não acontece de maneira automática. Ela exige a rendição do ego amadurecido ao Eu Superior, permitindo que a experiência da vida aconteça através de nós, e não apenas para nós.

Podemos imaginar nossa jornada como a formação de um colar de pérolas. No início, cada dificuldade parece apenas um incômodo, um grão de areia que irrita e machuca. Queremos nos livrar dele, precisamos que a dor desapareça. Mas quando nos abrimos para enxergar além do sofrimento, percebemos que esse grão de areia era na verdade o início de uma pérola.

A cada vez que aceitamos a realidade como ela é, sem resistência, e buscamos aprender com as experiências da vida, vamos revestindo esse grão com novas camadas de sabedoria, compreensão e amor. Com o tempo, ele se transforma em uma joia que levaremos para sempre.

E quando olhamos para o nosso colar, não vemos mais apenas as dores, vemos o presente que cada uma delas nos trouxe. Cada dor contém em si a semente da própria cura. Quando conseguimos fazer essa transmutação, o sofrimento deixa de ser um fardo e se torna um presente para o mundo. E é exatamente nesse momento que o serviço autêntico começa a emergir como um transbordamento natural do que nos tornamos.

A verdadeira capacidade de SERvir nasce do que já se transformou em nós. Ela não vem da necessidade de provar algo, da busca por reconhecimento ou da tentativa de preencher um vazio interno. Surge quando

---

[15] Esse pensamento é inspirado na ideia de Santo Agostinho da mística cristã.

CRESCER PARA DESPERTAR E DESPERTAR PARA SERVIR.

ENTRE O EGO E O SAGRADO
@PSICRISTINAFLORENTINO

estamos cheios, quando não há mais luta entre a nossa essência e o que oferecemos ao mundo.

Quando o ego ainda está imaturo, o serviço pode ser uma armadilha. Ele pode ser um disfarce para a carência, uma forma de buscar aceitação ou um refúgio para fugir dos próprios conflitos internos. Muitas vezes, tentamos ajudar os outros como uma maneira de evitar olhar para nós mesmos. Mas o serviço imaturo cobra, exige, se frustra quando não recebe gratidão de volta. Ele nasce do esforço e da necessidade de validação, e por isso, cedo ou tarde, se torna um peso. Já o serviço autêntico nasce de um lugar completamente diferente. Ele não tem a ver conosco, mas com o que deseja se manifestar através de nós.

Quando chegamos nesse ponto, já não há um "eu" tentando servir, há apenas o ser, fluindo de modo natural. O serviço imaturo é motivado pela carência, pela necessidade de aprovação e pelo desejo de ser visto como alguém especial. Ele pode gerar frustração e exaustão porque espera algo em troca, seja reconhecimento, amor ou aceitação. O serviço autêntico surge espontaneamente da plenitude interna. Não há mais esforço, apenas um transbordamento do que somos. Não há apego ao resultado, apenas um fluxo natural do amor que se expressa no mundo.

Isso não significa que o serviço autêntico não exige dedicação. Pelo contrário, ele nos chama a agir, mas essa ação vem de um lugar de conexão, e não de obrigação. Quando servimos a partir do Eu Superior, não sentimos que estamos nos doando demais ou nos sacrificando, porque não há mais um "eu" tentando controlar o processo. Há apenas vida fluindo através de nós.

No fundo, o verdadeiro servir simplesmente acontece quando estamos alinhados com nossa essência. Esse é o ápice da jornada do AdulteSer: crescer para despertar e despertar para servir.

Quando esse serviço acontece, percebemos que já não somos mais nós que vivemos, mas sim Deus vivendo através de nós. No início da jornada, buscamos Deus como algo externo, um conceito abstrato ou uma força separada de nós. Mas, conforme nos tornamos mais inteiros e autênticos, essa relação amadurece. Deus deixa de ser um conceito distante e se torna uma experiência viva em nosso interior. Passamos a reconhecê-Lo não como um poder separado, mas como uma presença constante, pulsando em nossa própria essência. A separação entre nós e Deus desaparece, e a experiência da espiritualidade se torna natural, acessível a qualquer momento, em qualquer lugar.

Todos nós possuímos um Eu Superior, essa centelha divina que nos conecta ao todo. No entanto, para ouvi-lo claramente, precisamos purificar a alma, dissolvendo as distorções emocionais e crenças que obscurecem sua orientação. O Eu Superior fala o tempo todo, mas sua voz é sutil e muitas vezes abafada pelo ruído da ansiedade, dos desejos imaturos e dos padrões inconscientes herdados do passado. Quando conseguimos ouvir e confiar no Eu Superior, ele nos guia com clareza e leveza. Mas cabe a nós darmos os passos. O Eu Superior não impõe, não força, não controla – ele inspira, sugere e convida. Somos nós que precisamos escolher agir alinhados com essa orientação, permitindo que a vida se desdobre conforme a Vontade Maior.

Chegar a esse estado de consciência significa transcender a dualidade. Antes, vivíamos em extremos, ora querendo controlar tudo, ora acreditando que deveríamos renunciar a tudo. Queríamos definir nossa existência entre ação ou entrega, desejo ou renúncia, razão ou intuição. Mas quando nos identificamos com o Eu Superior, percebemos que não precisamos mais escolher entre opostos, porque eles se fundem em um equilíbrio dinâmico. A ação e a entrega coexistem. O desejo e a aceitação caminham juntos. O impulso de criar e o silêncio da contemplação fazem parte da mesma dança cósmica.

O serviço autêntico nasce exatamente dessa fusão: não há mais separação entre você e o todo. Não há mais um "eu" tentando servir, há apenas Deus servindo através de você. E essa entrega deixa de ser um esforço para se tornar um estado de ser. Não há mais necessidade de se forçar a confiar, de se obrigar a seguir um caminho espiritual, de "fazer o certo" para ser digno do amor divino. A entrega acontece quando nos tornamos tão alinhados com a verdade do nosso ser que simplesmente permitimos que ela se expresse. O ego amadurecido, agora consciente de sua real função, não resiste mais. Ele compreende que não está perdendo nada ao se curvar diante da Vontade Maior, está permitindo que a vida aconteça através dele de maneira mais ampla e abundante.

Menos eu, mais amor espiritual passando por mim.

EXERCÍCIO: MEDITAÇÃO FINAL - TORNAR-SE UM CANAL

Agora, você não precisa mais buscar. Despeça-se do estado de buscador. Tudo o que era necessário já foi encontrado dentro de você. O próximo passo não exige esforço, apenas abertura.

Seus olhos podem estar abertos ou fechados. Permita-se apenas estar aqui. Comece com uma respiração consciente, como praticamos nos capítulos anteriores: inspire profundamente, segure o ar por oito segundos, expire em duas partes e repita esse ciclo oito vezes. Perceba o centramento.

1. ENRAIZAMENTO: SENTIR O CORPO COMO UM TEMPLO DO ESPÍRITO

Leve sua atenção ao corpo. Eleve suavemente a consciência para o ponto entre as sobrancelhas, o centro intuitivo. Sinta os pés firmes no chão, a coluna ereta e ao mesmo tempo relaxada, o queixo paralelo ao chão. Ombros para trás, peito aberto, mãos com as palmas voltadas para cima, repousando sobre as coxas.

Essa posição facilita que seu peito permaneça aberto, assim você pode sentir esse centro expandindo suavemente - é ali, no chakra cardíaco, que pulsa a ponte entre o céu e a terra. Perceba esse espaço vibrando, vivo, como um sol interno que irradia amor e receptividade. Relaxe. Permita que cada célula se lembre: seu corpo é um templo vivo do Divino.

Inspire profundamente e, ao expirar, sinta-se ainda mais presente, mais enraizado. Visualize raízes brotando da planta dos seus pés, como filamentos vivos aprofundando na terra úmida, firmando-se no centro do planeta. Quanto mais você se enraíza, mais espaço se abre para que a luz divina flua - do coração para todo o corpo, do corpo para o mundo.

Aqui, seu centro cardíaco se torna o altar vivo da presença, e você, o verdadeiro cálice do graal - a taça sagrada na qual o espírito habita e transborda. Um recipiente consciente em que a sabedoria não precisa ser buscada: ela simplesmente flui, silenciosa e amorosamente, através de você.

- **Prece:** *Divino, ensina-me a abrir a porta da meditação e conduze-me à Tua abençoada presença.*
- **Afirmação:** *Meu corpo é um templo vivo do Divino. Ele já habita em mim.*

O convite é permanecer em silêncio... E se a mente se agitar, gentilmente volte a fazer o exercício de respiração ou siga para o próximo passo.

2. SOLTAR O EGO: LIBERAR A NECESSIDADE DE CONTROLE

Se surgirem tensões, preocupações ou o desejo de controlar, apenas as observe e deixe ir embora. Sem julgar. Talvez apareça um medo do futuro, uma resistência à entrega. Inspire e, ao expirar, experimente soprar esses pensamentos como quem sopra bolhas de sabão no ar. Esvazie-se. Recolha-se.

Também é possível visualizar uma luz dourada, como raios solares banhando todo o seu ser. Essa luz vem de um sol maior e ao mesmo tempo entra em sintonia com seu sol interior, que brilha no centro do seu peito ou, se preferir, como uma estrela que cintila no ponto entre as sobrancelhas. O importante é lembrar: nesse estado, já não há separação. Há apenas unidade.

Se sentir necessidade, as afirmações sempre ajudam.

- *Eu solto a necessidade de controle.*
- *Eu confio no fluxo da vida.*
- *Eu permito que Deus viva através de mim.*

Sinta essa entrega acontecer naturalmente, como um rio que segue seu curso para o oceano.

3. ABERTURA PARA O FLUXO DIVINO: MENOS EU, MAIS DEUS EM MIM

Agora, permita-se repousar nesse estado de abertura e entrega. Você já está conectado. Já é canal. Já é espaço. Sinta a respiração acontecer sozinha. Sinta o corpo respirando o Universo. O Universo respirando você.

Não é mais visualizar – é ser. O silêncio se amplia. O tempo dissolve. Você é parte do Todo. Nesse estado, diga, se quiser:

- *Menos eu, mais Deus através de mim.*
- *Que a Vossa Vontade se manifeste em minha vida.*
- *Eu sou um instrumento do Amor Maior.*

Fique nesse espaço de entrega por alguns minutos, sem pressa. Apenas seja. Apenas permita. Lembre-se de quem você é: pura luz. Puro amor. Perceba que, através de você, Deus apenas é.

4. RETORNO E INTEGRAÇÃO

Quando sentir que é o momento, comece a retornar com suavidade. Traga sua consciência de volta ao corpo, mexa os dedos das mãos e dos pés. Respire profundamente, sentindo-se completo, presente e renovado. Observe como se sente. Perceba o silêncio dentro de si.

A jornada do AdulteSer nos trouxe até aqui. Crescemos para despertar, despertamos para servir, e agora permitimos que o Amor Maior se expresse através de nós. Nosso caminho não termina aqui. Ele apenas se expande. De agora em diante, não precisamos mais carregar nossa história como um fardo. Ela se tornou um colar de pérolas lapidadas com consciência e entregues ao mundo como um presente.

E assim, seguimos – menos você, mais Deus através de si.

CONCLUSÃO

Ao longo desta jornada, aprendemos que cada experiência vivida – seja de privação, dor, desejo, necessidade ou frustração – é um chamado para algo maior. Assim como a pérola nasce do atrito dentro da concha, nossa transformação acontece quando permitimos que o desconforto nos revele o que está além das aparências. Mas há algo ainda mais profundo nessa metáfora: é na pérola que encontramos nossa vocação, pois é justamente na ferida que se esconde o nosso maior dom.

Quando compreendemos que nossas maiores dores não são castigos ou falta de merecimento, mas setas apontando para o nosso maior tesouro, algo dentro de nós se reorganiza. A cura não está em apagar a dor ou apenas em tentar preencher o vazio emocional que ela causou, mas em nos tornarmos a própria fonte daquilo que um dia buscamos fora.

No meu percurso, percebi que minha parte ferida vivia na sensação de falta, acreditando que, se me esforçasse o suficiente para ser reconhecida, o medo de não ter valor se dissiparia. Por anos, tentei preencher esse vazio através da aprovação externa, sem notar que essa busca era, na verdade, uma fuga. A grande virada não veio da validação dos outros; veio do momento em que parei de fugir e me permiti sentir. Quando me abri e me disponibilizei para encarar os meus medos e acessar a dor do desamparo emocional que estava guardada no fundo da minha alma, me dei conta de que não morreria por senti-la. E foi justamente ao atravessar esse território antes evitado a todo custo que comecei a amparar minha própria dor, a cuidar das minhas feridas e a enxergar o grande valor da minha história.

E então um milagre delicado e silencioso aconteceu: naquilo que um dia considerei minha carência mais grave, encontrei minha maior abundância. O que não recebi se tornou o portal para acessar um manancial interno inesgotável. Descobri que minha capacidade de oferecer acolhimento e amparo ao outro era imensa, porque ali, onde antes havia falta, agora havia plenitude. Percebi que tudo sempre esteve ali, esperando para ser integrado, e que o caminho para a expansão do amor passa pelas dores mais profundas.

Mas para que essa metamorfose ocorresse, precisei desapegar das minhas certezas, renunciar ao desejo inconsciente de justificar minhas dores e abandonar o papel de vítima da existência. Foi então que compreendi que a dor não precisa ficar escondida. Na verdade, ela pode ser um passaporte para o amor maior. Buda perdeu a mãe com apenas três dias de vida. Poderia ter carregado essa ferida como uma justificativa para uma vida de ressentimento, mas escolheu outra rota: transformou o luto em compreensão e compaixão, oferecendo ao mundo um caminho para a superação.

A verdadeira liberdade não está em evitar o padecimento, mas em atravessá-lo sem se perder nele. A dor, em sua essência, é apenas um sentimento – e como todo sentimento, tem uma natureza fluida, como a água que corre sem resistência em um rio. Quando permitimos que se mova através de nós, ela vem e passa. O que nos aprisiona não é a dor em si, mas tudo o que construímos para evitá-la – medos, culpas, defesas e resistências. O convite é para acolhê-la como parte da experiência humana.

Rumi, em seu poema *A casa de hóspedes*, nos ensina a receber cada sentimento como um visitante que bate em nossa porta todos os dias. Nenhum deles é bom ou ruim – todos são mensageiros que trazem revelações sobre nosso próximo passo. Se os recebemos com gentileza e curiosidade, sem rejeição ou apego, percebemos que até mesmo as dores mais profundas são convites do Eu Superior – guias silenciosos que nos mostram o caminho para além de nós mesmos. Quando afrouxamos a resistência, abrimos as portas do coração e aceitamos a vida como ela é, permitindo que o amor maior nos atravesse e transborde, um amor que não depende de circunstâncias, mas que simplesmente é.

Parece que o grande propósito da existência humana é este: aprender a amar e ser amado. Não de maneira condicional, baseada em carências infantis, mas com plenitude, maturidade e verdade. Quando paramos de exigir do mundo aquilo que só pode ser nutrido dentro de nós, nos tornamos a própria fonte. E a vida, em sua sabedoria infinita, nos mostra que quanto mais oferecemos, mais nos tornamos canal para esse fluxo. O amor não se esgota, pois cada vez mais sentimos sua presença viva dentro de nós – como um rio que corre para o mar, sem medo da escassez, pois sabe que faz parte de algo infinito.

Talvez você sinta que algo essencial lhe falta, seja no amor, na realização profissional, na saúde ou no reconhecimento. E talvez essa sensação de escassez o leve a acreditar que precisa lutar, controlar ou exigir alguma coisa de alguém. A carência pode ser avassaladora, dando a impressão de que o mundo lhe deve e que tem algo de errado com você por não receber o que gostaria.

Mas e se essa falta não for um sinal de inadequação, e sim uma pista? Uma delicada sugestão da vida, apontando para o lugar exato de sua alma que quer crescer? Talvez essa sensação de carência esteja ali não para puni-lo, mas para guiá-lo. Porque é justamente onde mais doeu que mora a sua pérola – aquele dom único que só você pode revelar ao mundo.

A dor que parecia injusta, o vazio que parecia insuportável, a perda que parecia irreparável... tudo isso se converte em sabedoria, em força amorosa, em propósito. Porque a grande verdade que atravessa este livro é que a vida nunca nos faltou. Nós apenas precisávamos encontrar o caminho de volta para dentro, de volta para casa.

E para encontrar essa pérola, talvez seja necessário se recolher, silenciar e se perguntar com honestidade: "O que essa situação ou dor está tentando me mostrar?", "O que essa busca insatisfeita está tentando transformar em mim?". Você não precisa ter todas as respostas agora. Basta fazer as perguntas certas e abrir espaço para que seu Eu Superior traga luz à sua busca, pois a realidade é o seu maior mestre.

Peça clareza. Sinta no corpo, no coração, nas entrelinhas do seu cotidiano. Como em uma jornada de caça ao tesouro, as pistas estão sempre nas dores mais insistentes, nas faltas que parecem se repetir. É ali, e só ali, que você encontrará o fio dourado que o conduz de volta à abundância do amor – o amor que começa dentro e transborda para tudo que existe.

Se sentimos carência de afetividade, a resposta não está em exigir que os outros supram essa falta, mas em expandir nossa própria capacidade de amar – começando por nós mesmos. Se sentimos medo da solidão, talvez o convite seja aprender a desfrutar da própria companhia antes de esperar que alguém nos complete. A vida se reorganiza de dentro para fora, e tudo aquilo que julgamos faltar no mundo externo é, na verdade, um reflexo daquilo que ainda não reconhecemos ou ativamos internamente. Os prejuízos externos quase sempre têm raízes em dores não vistas dentro de nós.

A verdadeira entrega acontece quando deixamos de acreditar que vivemos em um Universo de privação e passamos a reconhecer que fazemos parte de um campo de infinitas possibilidades. Essa mudança é não apenas mental, mas também energética: ela exige que saiamos da ilusão da dualidade infantil – que diz "ou eu ganho ou eu perco" – e adentremos o espaço interno do adulto saudável integrado com o Eu Superior, aquele que sabe que o Universo não nega nada, mas nos convida a estarmos preparados para receber. Como acolher o amor se ainda não criamos espaço para senti-lo? Como viver em paz se a mente está cheia de exigências, medo e desconfiança? Confiar na vida é confiar no ritmo exato com que o fluxo divino nos conduz.

Ao atingirmos o nível da consciência adulta, novas necessidades começam a se revelar – não mais exigências infantis, mas anseios legítimos da alma. O adulto saudável não vive na dependência de ser suprido; ele regula as próprias necessidades com autonomia e se torna responsável pela própria realização. Ele não foge das dores nem busca compulsivamente o prazer, mas se equilibra entre os dois polos, extraindo de cada experiência um novo significado.

Nesse novo estado de ser, surgem necessidades mais refinadas: o adulto precisa de crescimento emocional e conexão espiritual, de aprender com suas experiências e evoluir. Tem o anseio se sentir apreciado e também apreciar o que a vida lhe oferece. E, acima de tudo, precisa permitir-se sentir prazer – na existência, nas conexões, na entrega, no nível físico, emocional ou espiritual. Só quando nos tornamos conscientes desses desejos é que podemos supri-los de maneira equilibrada, sem recair na ilusão de que outra pessoa será responsável por satisfazê-los em nós.

Ao longo da vida, criamos barreiras que nos afastam de uma conexão genuína com o Divino. Ele não é um ser exterior que nos recompensa ou nos pune de acordo com nossas ações, mas sim o próprio fluxo da vida, o amor incondicional que permeia todas as coisas. Quando nos abrimos para essa realidade, começamos a perceber que nunca estivemos sozinhos, nunca fomos abandonados – apenas nos fechamos para essa presença. E, ao

CONFIAR NA VIDA É CONFIAR NO RITMO EXATO COM QUE O FLUXO DIVINO NOS CONDUZ.

ENTRE O EGO E O SAGRADO
@PSICRISTINAFLORENTINO

nos abrirmos novamente, permitimos que a energia divina nos guie de uma forma tão sábia que nosso ego nunca seria capaz fazer o mesmo.

Aceitar que existe uma inteligência maior operando além do nosso controle nos convida a confiar que o Universo está sempre trabalhando a nosso favor, ainda que, a princípio, não compreendamos. Essa confiança não significa passividade ou inércia, mas a coragem de agir sem apego aos resultados, lembrando que aquilo que verdadeiramente nos pertence chegará no tempo certo.

Quando paramos de resistir, algo extraordinário acontece: o que parecia sofrimento se transforma em aprendizado. O que parecia um obstáculo se torna um trampolim para um novo nível de consciência. O que parecia perda se revela um grande presente. Aceitar sombras e alegrias como mensageiros divinos nos permite atravessar a existência com leveza, coragem e entrega.

A verdadeira entrega não exige que você abra mão dos seus sonhos ou que anule seus desejos, mas convida a soltar a rigidez com que tenta definir como e quando tudo deve acontecer. Ao insistir obstinadamente em controlar cada detalhe do caminho, você cria tensão e ansiedade, bloqueando o fluxo natural da vida. Por isso, é fundamental refletir: qual é a real motivação por trás desse desejo? Quando você libera a motivação imatura – marcada pelo medo, pela escassez ou pela necessidade de provar algo –, permanece um desejo maduro, leve e aberto às infinitas possibilidades que o Universo pode oferecer. E então algo mágico acontece: você abre espaço para ser surpreendido por resultados ainda mais grandiosos do que imaginava.

A verdadeira entrega a Deus não significa abandonar responsabilidades, mas alinhar nossa vontade com a sabedoria divina. Isso exige um trabalho ativo de autoconhecimento e discernimento. Quando aceitamos aquilo que não podemos mudar e colocamos nossa energia na transformação do que está ao nosso alcance, entramos no fluxo natural da vida.

Essa prática de acolher, se soltar e entregar as rédeas da própria dor ao Eu Superior é o cerne do verdadeiro amadurecimento espiritual. Não, você não deve eliminar seus desejos ou se fundir indistintamente com o Divino. Na verdade, deve aprender a discernir e a confiar na abundância que já habita em seu interior. É nessa entrega, nesse "deixar nas mãos de Deus", que você descobre que não precisa lutar contra sua humanidade, mas sim abraçá-la com compaixão. Ao integrar as múltiplas facetas do seu ser – a criança ferida, o Eu Inferior e o Eu Superior –, você se conecta a tudo e a todos, mantendo, com autenticidade, a sua identidade única e original.

A vida foi organizada de modo que raramente enxergamos todo o caminho à frente – apenas o próximo passo se revela com clareza. Muitas vezes, após darmos esse passo, o convite seguinte é a espera – um espaço no tempo para que o Universo responda antes de prosseguirmos. Como em uma dança bem sincronizada, há momentos em que precisamos agir com intenção e outros em que devemos simplesmente confiar e permitir.

Olhe para trás por um momento e veja quanto você já caminhou. Você aprendeu a ver além das necessidades egoístas do Eu Inferior, abrindo espaço para um amor maior e uma vida de propósito e significado. Agora, você entende que cada dor foi um guia, que cada obstáculo continha uma chave para a sua evolução.

Celebre essa transformação. Celebre o fato de que você não precisa mais carregar o peso de ser alguém que não é. Você pode simplesmente ser quem é – com luz e sombra, com humanidade e divindade, com vulnerabilidade e força.

Que essa nova consciência o inspire a continuar sua jornada. Que você possa celebrar cada passo dado, cada dor transformada, cada momento de presença conquistado. E que, a partir de agora, sua vida seja guiada pela confiança de que tudo o que você precisa já habita aí dentro de si. Assim, o ciclo se completa. Você não é mais prisioneiro do seu passado, de suas defesas ou de suas ilusões. Você é livre para viver sua jornada com verdade, amor e inteireza.

Que você se torne um canal de amor, compartilhando suas preciosas pérolas com um mundo que anseia pelo brilho único que apenas você pode oferecer. Que assim seja e assim é!

Grata pela sua amorosa companhia, querido leitor, fique em paz, fique em Deus.

ACESSE O QR CODE E CONTINUE
SUA JORNADA COM A AUTORA.

www.crisflorentino.com.br

Este livro foi impresso
pela Edições Loyola em
papel lux cream 70 g/m²
em agosto de 2025.